経営に活かす

生成AI
エネルギー論

岡本 浩 Hiroshi Okamoto　高野雅晴 Masaharu Takano

日本経済新聞出版

プロローグ「More《モア》 from《フロム》 Less《レス》」という挑戦

私たちは今、重要な岐路に立っています。気候変動への対応として脱炭素化が求められる一方で、日本社会は急速な人口減少という課題にも直面しています。

内閣府の「令和４年版高齢社会白書」によると、日本の生産年齢人口（15～64歳）は2035年までにピーク時の1995年の約74％まで減少すると予測されています。

つまり、かつては４人で行っていた仕事を３人で行わなければならない時代が、すぐそこまで来ているのです。しかし、それだけではありません。以前と違って高齢者人口は増加を続け、2035年には総人口の約33％を占めると予測されています。このことは社会保障費の増大を意味し、GDP（国内総生産）はさらに低下すると考えられます。

単純計算すると、３人の生産年齢人口で、４人分の仕事をこなし、さらに増大する社会保障費をまかなうためには、生産年齢人口１人あたりの生産性を1995年当時の約２・7倍に引き上げる必要があります。これは1995～2035年の40年間、コンスタントに年率２・7％の生産性上昇を必要とし、1995年から2025年現在までの１人あたり生産性向上が、実際には年率１・３％程度であったことを考えれば決して容易なことではないとわかるでしょう。

この未曽有の課題を解く手がかりはあるでしょうか。

MIT（マサチューセッツ工科大学）の科学者アンドリュー・マカフィーが著書『More《モア》 from《フロム》 Less《レス》：資本主義は脱物質化する』（日本経済新聞出版）で驚くべき可能性を指摘してくれています。すなわち、デジタル技術を活用することで、資源使用量を減らしながら社会の生み出す価値を高めることが可能になるというのです。

例えば、従来型の工場では100人の作業員が必要だった製造ラインが、AIと電化により50人で運営可能になる。しかも、単なる人員削減ではなく、その50人がより創造的な業務に携わることで、むしろ工場の生産性と付加価値が向上する――。

このような劇的な生産性向上は、従来の延長線上の改善では達成できません。加えて私たちは、脱炭素化という課題も与えられています。もちろんそのためのエネルギー転換は不可欠ですが、脱炭素化されたエネルギーを何のために使うのか、その目的にまで立ち返らなければ劇的な変化を起こすことはできません。元来、エネルギーは私たちの生活と産業のためにあるのです。

目的を忘れて脱炭素化を進めれば、単なるコストアップとなって経済活動を圧迫するおそれもあります。テクノロジーには同時並行的に変化を起こす「共進化」が必要であり、

AIを含むデジタル技術の活用は、脱炭素エネルギーの開発や利用と並行的に取り組むことが求められます。

つまり、日本社会にとって、いちばん大事なことは生産性を上げることです。それも単に生産性を上げるだけでは間に合わない。「モアフロムレス」すなわち「より少ないものから、より多くを生み出す」という踏み込んだ考え方が必要になります。突飛な発想のように思われるかもしれませんが、決して不可能ではありません。

AIやデジタル技術の活用、そして社会全体の電化により、投入する資源（人材、エネルギー、原材料）を減らしながら、生み出す価値を倍増させる――。

そのために解決すべき課題はいくつかあります。

本書では、生成AI時代に有限の資源であるエネルギー・電力を有効に利用できる社会をつくるために、今、何に、どのように取り組めばよいのかについて、読者の皆さんにヒントとなる情報を提示し、ともに考える機会としていただきたいと思います。

まず第1章では生成AIが引き起こしつつある電力消費の急増問題に迫ります。第2章では、AIバブルの過熱とデータセンターに必要なエネルギーのグローバルな獲得競争の現状を追います。

第3章では「より少ないものから、より多くを生み出す」ための具体的な実現手段として、電力グリッドとデジタルインフラの融合による「ＭＥＳＨ（Machine-learning Energy System Holistic）」というコンセプトを提案します。ＭＥＳＨの社会実装を通じて、「デジタル・エネルギー・モビリティ（人体になぞらえれば神経・血管・筋肉）」の３つが統合された地域の新たな公益事業の担い手であるUtility 3.0が実現されることを示していきます。

さらに第４章では、地域や第一次産業の課題解決に、ＡＩとエネルギーを組み合わせる取り組みを紹介し、第５章では、再生可能エネルギーからＡＩを捉え直すことで、日本企業が目指すべき道筋を示します。第６章では産業分野のＤＸ（デジタルトランスフォーメーション）推進者であり、ＡＩ政策にも精通する西山圭太氏、ＡＩの第一人者である松尾豊氏を招いた鼎談を収録します。第７章では、ＡＩなどテクノロジーが指数関数的に進化していく変革の時代に経営の軸となりうるＡＩ－エネルギー思考と、その先で私たちが目指すべきは、宇宙・自然と調和した「懐かしい未来」であることを述べていきます。

本書が、生産性の伸びの停滞が続く日本企業の経営を考える上での一助となることを願っています。なお、本書には、筆者らが属する組織のものではない筆者ら独自の見解も含まれていることにご留意ください。

目次

第2章 AIバブル過熱とデータセンターをめぐるグローバルな攻防

第3章 「デジタル・エネルギー・モビリティ」がもたらす新たな産業革命

第5章 再生可能エネルギーからＡＩを捉え直す――日本企業の伸びしろを探せ

第6章 鼎談◆「AI×エネルギー」のために今すべきこと ——西山圭太×松尾 豊×岡本 浩

第7章 懐かしい未来を生きる ——人間中心主義を超えた宇宙・自然との調和

第1章

生成AIが引き金で大停電!?

チャットGPTの電気代は、いくら？

チャットGPT（ChatGPT）に代表される生成AIは、私たちの日常生活やビジネスシーンに大きな変革をもたらそうとしています。ところで生成AIは、その裏で驚くほど多くの電力を消費していることをご存じでしょうか。

生成AIの仕組みを利用するには、プロンプトを入力するスマートフォンやPCといった端末、プロンプトをクラウド・サーバーに届けるための通信インフラ、そして推論を実行するために使われるクラウド上のGPU（グラフィックス処理装置）が連携して動く必要があります。さらにそのいずれも電力の供給がなければ動作しません。つまり、電力の確保は、今後の生成AIの普及に向けて大きなカギを握っているわけです。

そもそも、生成AIはどの程度の電力を消費すると思いますか。

なかなかイメージがしづらいものですから、従来の検索エンジンと比較して、具体的な数字を見てみましょう。

米国電力研究所（EPRI）の推定によれば、チャットGPTの1回の問い合わせ（クエリ）あたりの電力消費量は約2・9ワット時（Wh）と推定されています。これに対し、私たちが日常的に利用しているグーグル（Google）検索は約０・３ワット時程度です。

つまり、チャットＧＰＴはこれまでの検索エンジンの約10倍もの電力を消費しているのです。

この大きな差は、チャットＧＰＴが複雑な処理を行うために多くの計算資源を必要とすることが主な要因です。また、チャットＧＰＴのような大規模言語モデル（ＬＬＭ）は、膨大なデータセットでトレーニングされており、機械学習を行うプログラムを動かすＡＩの学習プロセス自体にもすさまじい量の電力が使われています。

では、チャットＧＰＴの年間消費電力はどれくらいになると思いますか。

週平均で１億人のアクティブユーザーが、それぞれ週に約15回利用すると仮定した場合、年間で約２億３０００万キロワット時（kWh）もの電力を消費すると推定されます。これは、なんと約３００万台の電気自動車（以下、ＥＶ）をフル充電できる電力量に相当します。金額に換算すると、年間約３０００万ドル（約45億円）もの電気料金になるのです。利用者が拡大していけばさらに膨大な電力を消費することになります。

このような莫大な電力消費は、環境への影響や電力インフラへの負荷、コストの問題など、さまざまな課題を提起しています。

本書ではそれをあえて「生成ＡＩの電力問題」と呼びたいと思います。例えば、電力生産における化石燃料への依存が続く限り、ＡＩの電力消費量の増加は、二酸化炭素（CO_2）排出量の増加に直結し、地球温暖化や気候変動などの環境問題を悪化させる可能性があります。

加えて、急激な電力需要の増加は既存の電力インフラに大きな負荷をかけ、電力不足や停電のリスクを高めることも懸念されます。さらに、電力消費量の増加はＡＩサービスの運営コストを押し上げ、最終的にはユーザーの負担増加につながる可能性もあるのです。

今後、中長期的に、電力の主力は再生可能エネルギー（再エネ）にシフトしていくと予想されますが、もし、チャットＧＰＴの膨大な電力消費を太陽光発電でまかなおうとしたらどうなるでしょうか。少し先まで想像力を働かせてみましょう。

太陽光発電は環境に優しい再生可能エネルギーとして注目されていますが、天候に左右されるという弱点もあります。つまり、雨の日や曇りの日が続くと、十分な電力を確保できず、チャットＧＰＴが使えなくなる可能性も出てくるかもしれないのです。

「今日は雨だからチャットＧＰＴは休業です」なんて日が来ないとも限りません。

これは極端な例ですが、「生成ＡＩの電力問題」はそれくらい深刻なのです。

暗号資産と電力の問題は序章にすぎなかったのか

デジタル技術の普及による膨大な電力消費という問題は、すでに他の分野でも発生しています。金融システムに革新をもたらす存在として注目を集めてきた、ビットコインに代表される暗号資産がその１つです。

特にビットコインのような膨大な暗号解読計算で取引を承認する「プルーフ・オブ・ワーク（PoW）」方式を採用している暗号資産は、その仕組み上、大量の電力を消費します。これは、システムの安全性を担保するために意図的に設計された特徴です。

ビットコインのシステムでは、新しい取引ブロックを生成し、ブロックチェーンに追加する作業を「マイニング（採掘）」と呼びますが、このマイニングは複雑な数学的問題のプログラムを解くことで行われ、その過程で莫大な計算処理が必要となります。

２０１７年頃にビットコインの価格が高騰した際、この「無駄な計算」による電力消費が大きな問題として認識されるようになりました。ビットコインのマイニングに使用される電力消費量は、一部の国家の総電力消費量を上回るとさえ言われているのです。

具体的な数字を見てみましょう。「Cambridge Bitcoin Electricity Consumption Index」

によると、2023年時点でのビットコインネットワークの年間電力消費量は約132テラワット時（TWh）と推定されています。これは、なんと例えばアルゼンチンの国全体の年間電力消費量に匹敵する規模です。

米国のドナルド・トランプ大統領は、大統領選が佳境に向かう2024年7月にテネシー州ナッシュビルで開催されたビットコインカンファレンスに登壇した折、ビットコインを支持しました。その影響もあってか、ビットコインの価格は高値を維持しており、ビットコインネットワークの電力消費量も増加傾向にあると思われます。

ここで、先ほどのチャットGPTをはじめとする生成AIの電力問題との類似性に注目してみましょう。暗号資産と生成AIは、どちらも革新的な技術でありながら、その裏で膨大な電力を消費するという共通点があります。つまり、暗号資産の電力問題は、ある意味で生成AIが直面する課題の予兆だったと言えるかもしれません。両者とも、技術の進歩と環境負荷のバランスをいかに取るかという難しい課題に直面しているのです。

この問題に対して、暗号資産業界ではさまざまな解決策が模索されています。例えば、より電力効率の高い「プルーフ・オブ・ステーク（PoS）」方式への移行や、再生可能エネルギーの活用などが進められています。

再生可能エネルギーの活用という点では、第3章でも触れますが東京電力パワーグリッド（東電ＰＧ）が設立したアジャイルエナジーＸの取り組みが参考になります。同社は、再エネの有効活用と電力系統の最適化を目指す企業です。「分散コンピューティング」技術を核として、電力から「デジタル価値」や「環境価値」を生み出すソリューションを提供しています。

具体的には後述しますが、変動性の高い再生可能エネルギーの増加に伴う電力需給のギャップから生まれる「余剰電力」を活用してビットコインマイニングを行い、デジタル価値を創出します。このアプローチにより、再エネ事業者の収益増大や地域経済の活性化に貢献するとともに、電力需給の変化に応じた柔軟な電力需要を創出することで、電力系統の混雑を緩和し、電力グリッド（電力網）の最適化を図ります。

こうした取り組みは、生成ＡＩの電力問題の解決にも示唆を与えるものです。再生可能エネルギーの余剰電力を生成ＡＩに活用するというアイデアについてはＡＩ研究の権威、東京大学の松尾豊教授も言及しています。

具体的には２０２４年５月に開催された内閣府の第９回ＡＩ戦略会議において、座長でもある松尾教授は、「生成ＡＩ時代には計算資源（ＧＰＵ等）の確保と同時に、電力の確保が重要な課題になる」と指摘し、電力の確保についてデータセンターにおけるＬＬＭの学習に関する電力利用の特性を踏まえて説明しました。それによれば、ＬＬＭの学習プロセスは必要に応じて一時停止することが可能であり、これによって大きな問題や無駄が生じることはありません。

さらに、松尾教授は、「再生可能エネルギーの余剰電力を、生成ＡＩの学習に効率的に活用できる可能性がある」と指摘しました。

この提案の背景として、以下の点を挙げています。

- **発電は需要の最大ピークに合わせて供給力を確保するため、ピーク時以外は余剰が生じる**
- **昨今の再生可能エネルギーの普及により、電力供給側の予測が困難になっている現状がある**

これらの課題に対して松尾教授は、生成ＡＩの学習プロセスを柔軟に調整することで電力の需要調整に活用できる可能性があり、データセンターを電源の近くに設置すれば電力の地産地消のモデルを実現し、地域の活性化につながる可能性があるとも述べています。

同教授は、このアプローチをエントロピー（熱力学の概念の１つで熱の不可逆性を数量で表す）の形でエネルギーを保存するという新しい考え方とともに説明しました。その上で生成Ａ

I時代のコンピュータの演算処理の特性を踏まえた電力確保の計画が必要であると強調しています。このアプローチこそが、電力の効率的利用、再生可能エネルギーの有効活用、そして地域活性化という複数の課題に同時に対処できるという考えです。

電力システムの今

生成AIの電力問題を考える上で、まず電力システムの現在の課題をおさらいしておきましょう。電力やエネルギーの基礎知識をお持ちの方は先に読み進めていただいて結構です。

現在、世界各国で太陽光発電や風力発電など再生可能エネルギーへのシフトが進んでいます。日本政府も再エネの主力電源化を進めています。日本の再エネ導入はまだ初歩的であるという議論も見かけますが、政府が進めた再エネの導入加速政策により、太陽光発電の累積導入量はすでに78ギガワット（GW、2022年）となり、絶対量で見ても米中に次いで世界第3位の規模となりました。

太陽光発電では日光を受ける広い面積（受光面積）が必要であることを考慮すると、国土面積あたりで相対化した導入量、すなわち上空から国土を見たときにどの程度パネルが置かれているかという密度での比較にこそ意味があります。その比較において、国土の狭い日本は他国を大きく引き離して世界第1位となっています。

一方、人口密度の高い日本では、国土面積あたりのエネルギー需要密度も大きくなるため、これほどの太陽光発電を設置しても、エネルギー需要全体に対する太陽光発電の貢献比率で見るとまだ物足らないと感じられるのかもしれません。

しかし太陽光発電の導入が進んだ結果として、現在の電力需給にはすでに課題が生じています。図1に東電PG管内での冬と初夏の1日の電気の使われ方を示しています。

上図は雪が降って電力消費が大きくなった1日ですが、東電PGエリアでは原子力発電が稼働しておらず、火力発電設備も需要を満たすほどの設備量がないため、最大限に他社エリアからの融通に頼った上で、電力に余裕がある時間帯で上池に水をくみ上げて100%満水にし、電力が必要な時間帯に水を落下させて発電する揚水発電を活用することで、なんとか1日の需給が保たれています。

この図から見られるように、東電PGが運用している揚水発電の貯蔵エネルギーは約0・9億キロワット時となり、冬の1日の電力消費（約10億キロワット時）の9%程度（最大電力消費に換算して2時間足らず）にすぎません。電気は貯蔵が非常に困難なのです。

図1　東電PGエリアの冬と初夏の1日の電力需給

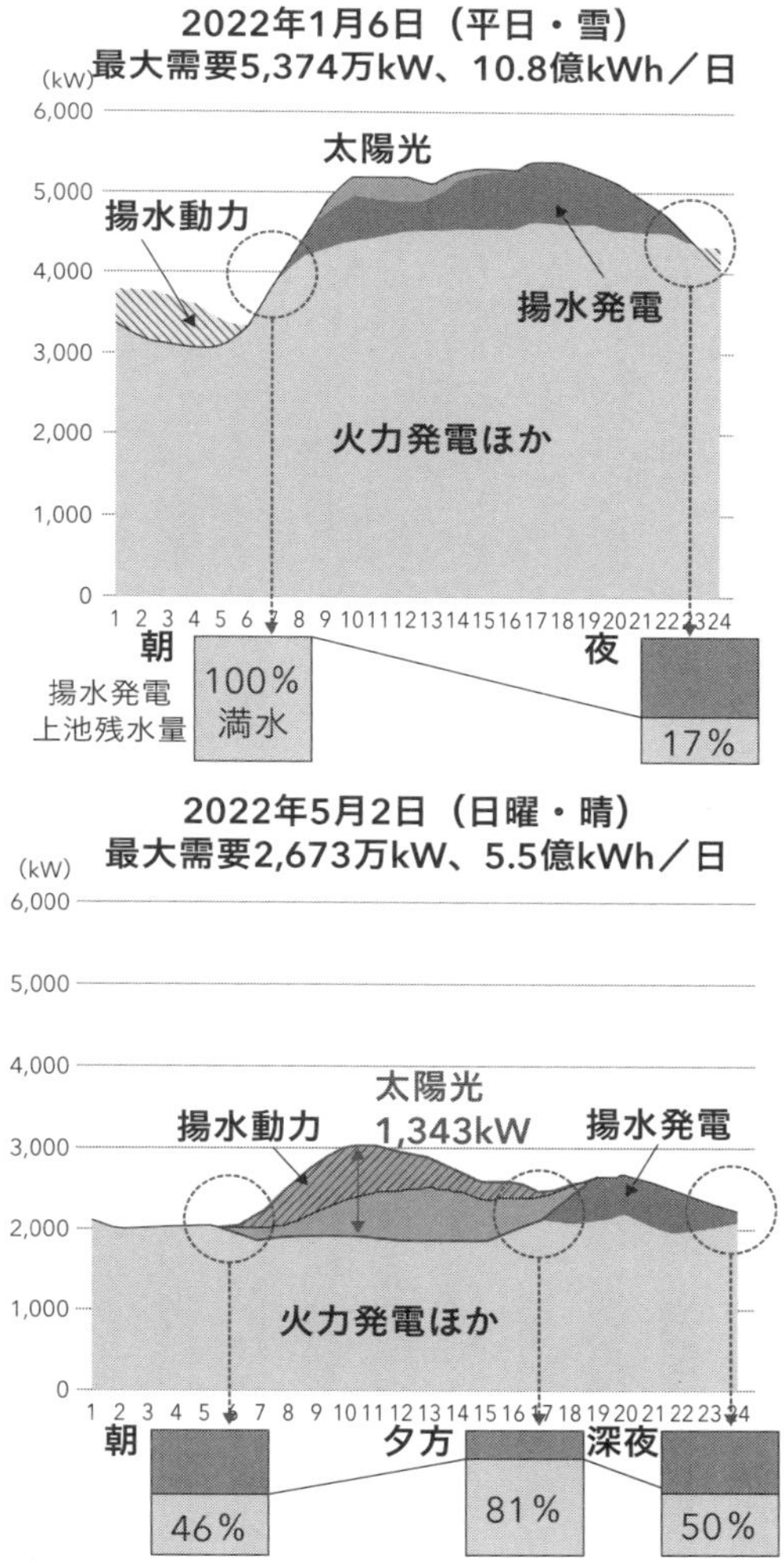

出所：東京電力パワーグリッド、「内閣府GX2040リーダーズパネル」資料

近年、火力発電設備が不足気味であるのは、経年が進んでいることと同時に太陽光の導入などにより稼働率が低下してきた石油・ガス・石炭火力などがどんどん退役し始めていることが理由です。一方、脱炭素化が進む中で、建設後の投資回収期間が15年から数十年となる火力発電設備への投資は行いにくい背景もあります。

初夏にはこれと逆のことが起こります。前ページ図1の下図にあるように、ゴールデンウィークでは工場が稼働しておらず、冷暖房もほとんど使われないため、電力消費は冬の半分になります。また、最近では全国的に太陽光発電の導入が進んでいるため、今度は逆に電気が余ってしまいます。一般的には再エネは不足しており、「余剰電力」「再生可能エネルギーが余る」と言われてもピンとこないかもしれませんが。

電気が余って何が困るのか不思議に思われる読者もいるでしょうが、電気は常に生産と消費がバランスしていなければならないという特殊な財なのです。そのため、仮に生産が消費を上回った状態を放置すると、電力を支える交流システムの周波数が上昇して発電所の発電機の回転スピードが上がってしまい、発電所が安全のための停止に至り大停電を引き起こすおそれがあります。そのため昼間に余った電気で揚水発電所の水をくみ上げて電力を貯蔵しておき、夕方から夜間に発電して使うのです。

余っているなら火力発電を止めればよいのでは、と思われるかもしれません。しかし、これがそうともいかないのです。需給変動を吸収して電力システムを安定化させる周波数制御という調整を行うために、晴れから曇りといった天候変化（太陽光発電出力低下）などに伴う変動調整に最低限必要な台数の火力発電を稼働させ続けなければならないのです。

火力発電には安定的に運転するための最低出力があります。ガスコンロでヤカンのお湯を沸かすとき、ガスを絞りすぎると安定的な燃焼が維持できないのと同じことです。必要な調整力を得るために必要な台数の発電設備を稼働させると、それだけで稼働台数に比例した電力を発生してしまいます。その分も含めて、太陽光発電、他社からの余剰融通分を揚水発電所に蓄える必要があるのです。

電力消費が大きく、揚水発電所の保有量も多い東電ＰＧのエリアには、他社からの余剰電力も流れ込んできています。現状では、この運用がそろそろ限界を迎えており、近いうちに東電ＰＧでも太陽光発電などの出力制御が必要になると試算されています。出力制御についてはこのあと詳しく説明します。

寒い冬や暑い夏になると需要が高まることで供給力不足が、冷暖房を使わない春や秋になると供給力余剰が発生するため、１年を通じて需給逼迫と余剰が繰り返されるという需給構造が定着しつつあり、さらに再生可能エネルギーを増やせばこの傾向が強まります。

このため、蓄電池への期待が高まっています。ただし蓄電池が貯めておける電気の量はさほど多くはありません。例えば、仮に東電PGエリアで1000万台のEVが普及したとし、それぞれのEVが60キロワット時の蓄電池を搭載するとすれば、その総容量は6億キロワット時に達し、現在の揚水発電の10倍近い水準になります。

しかし、それでも冬の0・6日分の電気を貯めておける程度です。いわば電気は「生もの」のようなものなのです。再生可能エネルギーの大量導入を進めれば、春・秋には毎日電力余剰が生じ続けるため、これを夏・冬まで持ち越して使わなければなりません。このように季節間に生じる需給ギャップをまかなうのに必要な蓄電池容量は数十日分になると想定されるので現実的ではありません。したがって蓄電池だけではこの課題への解決策にならないのです。

生産即消費で貯蔵が難しく「生もの」のようであるという電力需給の特殊性は一般の方にあまり知られていませんが、人体の血管に例えると理解しやすいと思います。

人体では筋肉や神経などの細胞に血管が酸素と栄養を運んでいます。肺で呼吸により取り入れられた酸素が心臓というポンプの力で全身に送り出され、肺で二酸化炭素が回収されて酸素に交換されます。じつは、社会の電力システムは、人体の循環器系統と似たような働きをしているわけです。

また、電力を支える交流システムの周波数は、いわば血管系の脈拍に相当しており、仙台で測っても大手町で測っても同じ値になります。窒息など酸素を取り入れられなくなると人間は即死してしまいますが、同様に電力を貯めておくのは難しいため、電力供給が停止すると社会活動も停止に追い込まれてしまうのです。

余剰電力と出力制御――再生可能エネルギーの現状と課題

地球温暖化対策や持続可能なエネルギー供給の観点から、再生可能エネルギーの導入が世界的に加速していることは言うまでもありません。日本においても、2011年の東日本大震災以降、エネルギー政策の見直しが進み、再エネの普及が急速に進んでいます。

2020年10月、菅義偉首相（当時）は2050年までに温室効果ガスの排出を全体としてゼロにする、いわゆる「カーボンニュートラル」を目指すことを宣言しました。この目標達成に向けて、再エネの主力電源化は不可欠な要素となっています。

経済産業省の資料によると、2023年度の日本の電源構成における再エネの割合は約23%となっており、2030年度の目標値である36~38%に向けて増加しています。特に太陽光発電の伸びが顕著であり、2012年の固定価格買取制度（FIT）導入以降、急速に普及が進みました。

しかし、再エネの普及が進む一方で、新たな課題も浮き彫りになってきています。それが、先述した特定のエリアや時間帯で発生する余剰電力に伴う「出力制御問題」です。

出力制御とは、電力の需要と供給のバランスを保つために、再エネの発電量を抑制する仕組みのことを指します。繰り返しになりますが、特に太陽光発電や風力発電のような変動性再エネは、天候によって発電量が大きく変動するため、電力需要が少ない春や秋の特定の時間帯に発電量が過剰になるのです。

このような状況で発電量を抑制しないと電力系統の周波数が乱れ、最悪の場合、大規模停電（ブラックアウト）を引き起こす可能性があります。そのため、電力会社は安定供給を目的に出力制御を実施しています。

出力制御の実態を見てみましょう。九州電力管内では、２０１８年10月に本土で初めて出力制御が実施されました。その後、制御の頻度と規模は年々拡大しています。２０２１年度には、九州本土において出力制御が実施された日数は87日に達し、多い日には４００万キロワットもの出力が制御されました。これは、２０１８年９月の北海道胆振《いぶり》東部地震で発生したブラックアウト時に不足した電力量（約３００万キロワット）を上回る規模です。

さらに、２０２２年には出力制御の対象地域が拡大し、四国、中国、東北、北海道でも実施されるようになりました。2023年には関西電力管内でも初めて実施され、東京電力管内を除く全国で出力制御が行われる事態となっています。

特に今後、深刻になっていくのが北海道です。経済産業省の試算によると、2030年頃には北海道の出力制御率が49・3%に達する可能性があるといいます。つまり、太陽光や風力などで発電した電力の半分近くが無駄になってしまう計算になります。

この出力制御問題は、再エネ事業者にとって大きな経済的損失となるだけでなく、日本全体のカーボンニュートラル達成にも影響を与える可能性があります。せっかく発電した「クリーン」な電力を捨てているのは、エネルギー効率の観点からも望ましくありません。

このような課題に対して、さまざまな取り組みが進められています。主な対策として以下が挙げられます。

❶ 送電網の増強

再エネが豊富な地域から電力需要の多い都市部への送電能力を高めるため、送電網の増強が計画されています。例えば、北海道と本州を結ぶ海底送電線の新設や容量拡大が検討されています。しかし、送電設備の建設には莫大なコストと時間がかかるため、即効性のある解決策とは言えません。

②蓄電池の導入

発電量が多いときに電力を貯蔵し、必要なときに使用することで、需給バランスを調整します。大規模な蓄電池の導入やＥＶのバッテリーを活用したＶ to Ｇ（Vehicle to Grid）システムの実用化が進められています。ただし、21ページの図１に示したような季節間の需給ギャップを調整することは難しいと考えられます。

③水素製造・利用

余剰電力を利用して水素を製造し、燃料電池や産業用途に利用する取り組みも始まっています。これにより、再エネの有効活用と水素社会の実現を同時に目指しています。

④デマンドレスポンス

電力需要側の調整によって需給バランスを取る手法です。電力が余っている時間帯の電気料金を安くするなどのインセンティブを設けて、需要をシフトさせます。

それぞれに一長一短ありますが、④のデマンドレスポンスはとりわけ有力です。デマンドレスポンスに対応できる条件は、「電力需要が大きい」「いざというときの柔軟な需要の上げ下げを許容できる」というものです。これには暗号資産のマイニングや生成ＡＩの処理がピタリとあてはまります。

例えば、生成AI処理でいえば再エネの発電量が多い時間帯に生成AIの学習を実施し、発電量が少ない時間帯には休止するといった運用が可能です。

実際に、グーグルやマイクロソフト（Microsoft）などの大手IT企業は、再エネを積極的に活用しながら、計算資源の電力消費を最適化する取り組みを進めています。日本国内でも、通信会社や電力会社などが計算資源を活用した需給調整の実証実験を行っています。

その取り組みの1つが筆者の高野が経営するビットメディア（本社東京都渋谷区）の提案する「SmartPower（スマートパワー）プラットフォーム」です（31ページの図2参照）。SmartPowerプラットフォームの核心は、電力の需要と供給のバランスを、計算負荷の制御によって柔軟性を持って調整する「ワークロードシフト技術」にあります。具体的には、再エネの発電量が豊富なときには計算負荷を増大させ、逆に発電量が少ないときには計算負荷を抑制するという、動的な需給調整を実現します。

さらに、このプラットフォームの特徴として、地理的な分散戦略があります。複数の地域に分散配置されたデータセンター間で、計算負荷を臨機応変に移動させることで、各地域の電力需給バランスを最適化します。例えば、ある地域で風力発電の出力が高まっているときに、その地域のデータセンターの稼働率を上げるといった柔軟な運用が可能になります。

また、このプラットフォームは最新のクラウド技術を全面的に採用しています。クラウドベースの設計により、システムの柔軟性と拡張性が大幅に向上しています。これにより、電力需給の変動に応じて、さまざまなクラウド上のアプリケーションやコンピューティングリソースを制御することが可能になっています。

例えば、ある地域で再エネの発電量が増加した場合、その地域のデータセンターにより多くのコンテナ（実行環境の仮想的なパッケージ）を配置し、計算負荷を増やします。逆に、発電量が減少した場合は、他の地域のデータセンターにコンテナを移動させます。これらの仕組みにより、電力の需要と供給のバランスを動的に調整することが可能になるのです。

調整力を主体とするSmartPowerプラットフォームにもう1つの重要な構成要素が追加されています。それがワークロードアロケーションオプティマイザー（WAO）です。WAOは機械学習を用いてデータセンターの消費電力を予測し、電力を削減できるように計算負荷の配置を決定するシステムです。NEDO（新エネルギー・産業技術総合開発機構）の脱炭素社会実現に向けた省エネルギー技術の研究開発・社会実装促進プログラムの一環としてオプテージ（本社大阪市）、日本電気（NEC）、篠原電機（本社大阪市）、ビットメディア、さらに大阪大学を共同研究者として研究開発を進めたものです（https://github.com/waok8s）。

図2　SmartPowerプラットフォーム

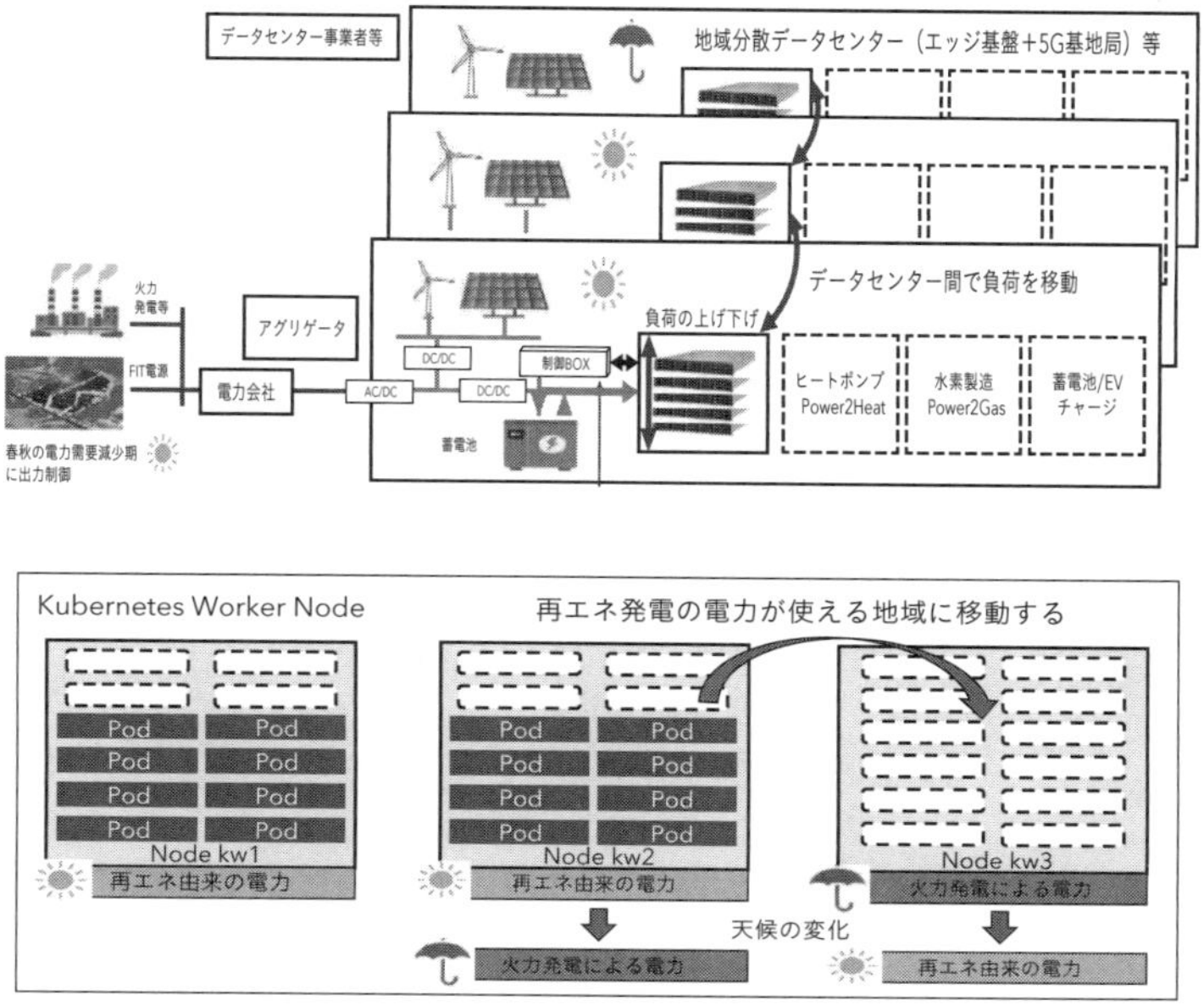

出所：「Internet Week2022」講演資料などを基に筆者（高野）作成

ＷＡＯの導入により、データセンター全体の消費電力を約10〜15％削減できることが、実証実験で確認されています。例えば、１００メガワット級のデータセンターで40メガワットが実稼働していた場合、約5メガワットの削減効果が期待できます。

ＷＡＯが加わったSmartPowerプラットフォームにより、計算負荷の最適配置で、電力消費量（キロワット時）の削減に貢献するとともに、再エネの余剰電力の状況に応じて計算負荷を上げ下げ移動できる調整力を提供することができます。

このコンセプトの有効性を確認するため、ビットメディアはいくつかの実証実験を行っています。その1つが、ＮＴＴ宇宙環境エネルギー研究所との共同実験です。この実験では、疑似的な太陽光発電の出力変動に合わせて、リアルタイムでコンピューティングリソースを制御することを確認しています。

また、実験的な取り組みを踏まえた社会実装に向けて北海道石狩市との連携協定も締結しています。石狩市は風力発電や太陽光発電が豊富な地域として知られていますが、この特性を活かし、地域の再エネを効率的に活用したデータセンター運用の実証実験が進められています。

これらの取り組みは、地域のエネルギー資源を最大限に活用しつつ、先端的なデータ処理基盤を構築するという、新しい地域発展モデルの可能性を示唆しています。

各種の実証実験から得られた結果は、再エネの大規模導入と電力系統の安定化という、相反するように見えた課題の同時解決への道を開くものと考えることができます。SmartPowerプラットフォームのようなシステムは、エネルギー分野とIT分野の融合による、新しい社会インフラのあり方を示唆しています。それは単に技術的な革新にとどまらず、持続可能な社会の実現に向けた一歩とも言えるでしょう。

生成AIの進化でますます増大する電力需要

再生可能エネルギーがつくり出す余剰電力の活用に生成AIは有効である一方で、チャットGPT登場が契機となった米国のメガクラウド事業者による競争激化で、求められる電力需要の総量も爆発的な増加という課題に直面しています。

この問題の根源は、LLMの学習（トレーニング）過程にあります。現在、米国メガクラウド事業者を中心に世界中の企業や研究機関がより高性能なAIモデルの開発にしのぎを削っていますが、これには膨大な計算リソースが必要です。

例えば、オープンAI（Open AI）のGPT-4の学習には、学習を実施した当時の最新

GPU数千台を数カ月間稼働させる必要があったと試算されています。この規模の計算には、一般家庭の何年分もの電力消費に匹敵するエネルギーが必要となります。

しかし、問題はAIの学習段階だけにとどまりません。これからは、AIの推論(Inference)による電力需要が、学習以上に大幅に増加する可能性があります。

その理由は単純です。推論の電力消費は、AIの利用者が増えれば増えるほど増大するからです。現在、チャットGPTなどの生成AIサービスは、主にIT業界の専門家やテクノロジーに詳しい一部のアーリーアダプターによって利用されているにすぎません。しかし、これらのサービスが一般的になり、日常生活やビジネスのあらゆる場面で使用されるようになれば、その電力需要は指数関数的に増加することが予想されます。

AIサービスの進化も電力需要の増加に拍車をかけています。例えば、パープレキシティ(Perplexity)のような最新のAIサービスは、単一のモデルによる推論だけでなく、複数の情報源からデータを収集し、複数の推論を組み合わせて回答を生成します。このようなサービスでは、ユーザーがプロンプトを入力してから回答が返ってくるまでの間も、バックグラウンドで複雑な処理が行われており、継続的に電力を消費しています。

さらにオープンAIが2024年9月に公表したo1(オーワン)は従来の推論ではなく、思考(Reasoning)のメカニズムにより、数学的な課題などの専門的なタスクに対する正答率の高いモデルです。このモデルは推論時に投入する計算量を増やすほど性能が向上する可能性があるとともに、電力消費量が増大することが予想されます。

現在のＡＩサービスは、主に人間がプロンプトを入力することで動作していますが、今後は、ＡＩエージェント自身が推論を要求することが当たり前になると予想されます。さらには、ＡＩエージェント同士が人間の介入なしに推論のやり取りを相互に行うことも想定されます。このような状況では、人間がプロンプトを入力する頻度をはるかに上回る推論処理が行われることになり、電力需要は倍々ゲームで増加することでしょう。

また、ＡＩの影響はクラウド上の仮想的な存在だけにとどまりません。今後、市場の拡大が期待されるロボットや自動運転車などのインテリジェントハードウエアにもＡＩが浸透していくでしょう。これらのデバイスは、リアルタイムで環境を認識し、判断を下し、行動を起こす必要があります。そのため、常時ＡＩによる推論処理を行う必要があり、結果として電力消費が増大します。

このような背景から、データセンターの電力消費量は急速に増加していくのです。国内の状況としては、経済産業省の資料によると２０３０年代にはデータセンターによる電力需要が現状の１・35倍から１・５倍に増加すると見込まれています。これは、２０２０年代初頭までの予測を大きく上回るものです。

東京電力管内でのデータセンター向け契約電力予測からもその傾向が読み取れます。2037年度までにデータセンター向けの契約電力は現在の16倍、約950万キロワットが申し込まれています（2024年8月末時点）。これは、原子力発電所約9基分に相当する電力需要です。

このような急激な需要増加に対し、電力会社や送配電事業者は対応に追われています。新規のデータセンター建設に必要な電力を確保できるか、送電網の容量は十分なのかといった課題が浮上しています。

処理の分散化の可能性、クラウドからエッジへ

オープンAIのGPT-4、グーグルのジェミニ（Gemini）、アンソロピック（Anthropic）のクロード（Claude）、さらにはメタ（Meta）のオープンソースLLMのラマ（Llama）など、次々と新しいAIモデルが発表され、その性能を競い合っています。

これらの大規模AIモデルの学習には、膨大な計算リソースが必要となります。現在の

主流となっている技術では、エヌビディア（NVIDIA）のH100やブラックウェル（Blackwell）シリーズなどの高性能GPUを大量に使用し、それらを直接高速なメモリーと接続することで、効率的な学習を実現しています。例えば、イーロン・マスクが立ち上げたエックスAI（xAI）では、10万台以上ものGPUを1カ所に集約して使用していると言われています。

このような状況を背景に、クラウドサービスを提供する大手企業、いわゆるハイパースケーラーは、かつてないほど巨大なデータセンターの建設を進めています。従来の100メガワット規模ではなく、ギガワット単位の電力を消費するAI専用データセンターが、今や当たり前のように計画されているのです。

しかし、先述の通り、AIの活用は学習段階だけにとどまりません。実際にユーザーがAIを利用する際には、学習済みのモデルを使って推論を行う必要があります。ユーザーが入力したプロンプトに対して、AIが適切な応答を生成するこの過程も、相当な計算リソースを必要とします。

AIブームの初期段階では、主に学習用GPUの確保に注目が集まっていましたが、今後はむしろ推論のための計算リソースの需要が爆発的に増加すると予想されています。なぜなら、学習は一度行えばよいのに対し、推論は利用者が増えるほど必要となる処理量も増えるからです。また、新しい半導体チップの開発も進んでおり、GPUに限らず、AI推論に特化したプロセッサの需要も高まっていくでしょう。

このような状況を踏まえると、1カ所の巨大なデータセンターですべての処理を行うというモデルには限界があります。

そこで注目されているのが、階層化されたデータセンター構造です。大規模な中央データセンターに加えて、地域ごとのデータセンター、さらにはユーザーにより近い場所に設置されるエッジデータセンターといった、多層的な構造が必要になると考えられています。

エッジとは周縁という意味ですが、大きなコンピュータをネットワークでつなぎ、利用者に近い場所に設置した小規模なコンピュータでデータを処理する手法を「エッジコンピューティング」と呼びます。

ちなみに、現時点では大規模データセンターへの投資計画は明確に見えているものの、中小規模の分散型データセンターの展開については、まだ水面下での動きにとどまっているようです。しかし、技術的な要請から考えれば、このような分散型の構造は避けられない流れとなるでしょう。

実は、エッジコンピューティングの重要性は、生成AIがこれほど注目を集める以前から指摘されていました。その代表的な例が、自動運転に代表されるコネクテッドカーの分野です。現代の自動車は、まさに走るスマートフォンと言えるほど、通信機能や高度な演算処理能力、そしてさまざまなセンサーを搭載しています。

自動車メーカーの試算によると、1台の車が1日に生成するデータ量は、テラバイト級に達すると言われています。仮に何十万台、何百万台もの車がこのようなデータを常時生成するとなれば、それらをすべて中央のクラウドで処理することは現実的ではありません。そこで、地域ごとに小規模なデータセンターを設置し、そこでデータの集約と一次処理を行い、必要に応じて中央のクラウドにデータを送るという構造が考えられています。

また、通信インフラの分野でも同様の流れが見られます。モバイル通信規格が5G、さらには6Gへと移行していく中で、基地局の処理能力の向上が求められています。従来は専用のハードウエアで行っていた処理を、ソフトウエアで柔軟に行うオープンRAN（Open RAN〈Radio Access Network〉）と呼ばれる無線通信ネットワークの概念が広まりつつあります。この流れの中で、基地局の処理にもGPUが使用される可能性が高まっています。

さらに、アップルビジョンプロ（Apple Vision Pro）に代表される空間コンピューティング技術の進展も、エッジコンピューティングの重要性を高めています。現実世界とデジタル情報を融合させるこの技術では、リアルタイムで大量のデータ処理が必要となります。ユーザー数が増えれば増えるほど、中央のクラウドだけでは処理しきれなくなり、ユーザーの近くでデータを処理するエッジコンピューティングが不可欠となるでしょう。

放送の分野でも変化が起きています。ＮＨＫプラスのようなインターネット配信サービスの拡大に伴い、地域ごとのきめ細かい情報提供が求められるようになっています。将来的には、各地域に仮想的な「送信所」としてのデータセンターが設置され、そこから地域に適した番組や情報が配信されるという構造も考えられます。

このように、さまざまな分野でエッジコンピューティングの需要が高まっていく中で、共通のハードウエアやインフラを活用した効率的なシステム構築が期待されています。エッジデータセンターや地域データセンターが、ＡＩの推論処理や各種アプリケーションの実行を担う共通基盤となっていく可能性が高いのです。

ただし、これらはあくまで技術的な可能性の話であり、実際にこのようなインフラをどのように構築し、誰が運用するのか、投資はどのように回収するのかといった経済的・制度的な課題はまだ解決されていません。しかし、技術の進化の方向性を考えると、分散型のエッジコンピューティング基盤の重要性が今後ますます高まっていくことは間違いないでしょう。

日本が今後のAI時代で競争力を維持し、さらには先導的な役割を果たすためには、このようなエッジコンピューティングの潮流をしっかりと捉え、適切な投資と技術開発を行っていく必要があります。同時に、プライバシーやセキュリティの確保、エネルギー効率の向上など、社会的な課題にも十分に配慮しながら、新しい情報インフラの構築を進めていくことが求められます。

沸騰する開発競争とAI半導体・光半導体

生成AIのブームを受け、AIに特化した半導体開発競争がかつてない激しさを増しています。特にGPUをベースとしたAI計算は、すでにエヌビディアが事実上の標準を打ち立てており、次世代GPU「ブラックウェル」に続く「ルービン（Rubin）」を前倒しで投入すると発表して、一層の先行逃げ切りを図っています。

エヌビディアは自社が築いた強力なソフトウエア基盤（CUDA）や豊富な開発者コミュニティを武器に、AI向け計算リソースのトップランナーとしての座を固めています。

一方、アドバンスト・マイクロ・デバイス（AMD）をはじめとする他のGPUベンダーも、生成ＡＩに適した演算処理や独自アーキテクチャの強化などで巻き返しを図り、ＧＰＵ領域での多極化を目指しています。さらに通信半導体大手のブロードコム（Broadcom）もＡＩ専用チップ開発に余念がありません。

こうしたＧＰＵ市場の独走を放置しないのが、巨大な需要を背景にするメガクラウド各社です。アマゾンウェブサービス（Amazon Web Services＝以下ＡＷＳ）、グーグル、マイクロソフトといったクラウド事業者は、エヌビディア製ＧＰＵを大量に調達しつつも、同時に自社開発のＡＩ半導体チップに大きく投資しています。

例えばＡＷＳは、インテル（Intel）傘下にあるハバナラボ（Habana Labs）のガウディ（Gaudi）シリーズを活用しながら、２０２４年末には独自の「トライニウム（Trainium）３」をリリースすると宣言しました。クラウドサービスに最適化されたチップを自前で確保し、エヌビディアへの依存度を下げる戦略を明確に打ち出しています。

こうした「ＧＰＵか、自前チップか」という勢力図の変化に加え、近年のＬＬＭの爆発的な拡大によって、電力消費が新たな課題として浮上しているわけです。膨大な計算量を必要とするＡＩモデルは、すでに電力コストを無視できない段階に達しており、このボトルネックを解消すべく新興企業が次々と参入しています。

サンバノバ（SambaNova）は独自のデータフロー型アーキテクチャで効率的な計算を実

現し、セレブラス（Cerebras）はウェハースケールの超大容量チップで規模の拡大を図り、グロック（Groq）は推論専用の設計で低消費電力を追求しています。さらに国内半導体製造のラピダス（Rapidus）と連携するテンストレント（Tenstorrent）や国内ＡＩスタートアップの雄、プリファードネットワークス（Preferred Networks）も独自ＡＩチップを継続的にリリースしています。これらのスタートアップは、エヌビディアやクラウド大手が主導する図式を打破し、特化型アーキテクチャで省電力・高効率を武器に存在感を高めつつあります。

さらに、その先を見据えると、光通信技術と半導体を組み合わせた「光半導体」への期待も膨らんでいます。ＮＴＴのＩＯＷＮ《アイオン》（Innovative Optical and Wireless Network）は、光電融合デバイスによって従来の電子回路を超える低消費電力かつ超高速な処理を実現しようとする構想です。また、米国のライトマター（Lightmatter）はシリコンフォトニクス技術を利用した超高速な行列演算技術の開発を進め、ＡＩ処理の根幹である大規模なマトリックス計算を極限まで効率化しようとしています。現時点では、これらの光半導体技術は実用レベルに至っていないものの、長期的視野では電力・性能両面で大きなブレークスルーをもたらす可能性を秘めています。

このように今後のＡＩ半導体市場はエヌビディアを軸にメガクラウド勢や新興企業群が

複雑に競合し、性能・電力効率・拡張性など多方面での進化を模索する状態が続きます。その様子はPC向け半導体開発競争が過熱した１９９０年代前後を彷彿とさせるものがあります。

短期的にはGPUの独走とクラウド大手の自前チップ強化が主戦場となりますが、中期的に見れば、低消費電力に特化したスタートアップの躍進、さらに長期的に捉えるならばIOWNやライトマターのような光半導体技術が新たな地平を切り開く可能性もあります。現時点では電力問題が完全に解決するには至っていませんが、さまざまなアプローチが併走することで、近い将来、より持続可能でパワフルなAI基盤が構築されていくことが期待されています。

第2章

AIバブル過熱とデータセンターをめぐるグローバルな攻防

データセンター適地の奪い合いが始まった
――米国のAIデータセンター開発トレンド

生成AIの過熱とAIの電力問題は、世界レベルでデータセンターの増設を加速させ、それに伴った電力源の確保という新たな競争を引き起こしています。

米国の大手テクノロジー企業は膨大な計算能力を必要とする生成AIモデルの開発・運用のため、大規模なデータセンターの整備を加速しています。ここではグーグル、アマゾン（AWS）、マイクロソフト、オラクル（Oracle）といったメガクラウド企業、さらにオープンAIを含めた主要企業のAIデータセンター戦略と、電力確保に向けた取り組みを紹介します。

まず、各社のデータセンター整備状況を見ていきましょう。グーグルは長年にわたり大規模なデータセンターキャンパスの構築を進めてきました。アイオワ州カウンシルブラフスにある同社の施設は、西側部分だけで約数百メガワットのIT容量を持つ巨大なものとなっています。さらにグーグルは、オハイオ州コロンバス周辺にもギガワット規模のクラスターを2025年末までに完成させる計画です。これらの投資は、グーグルが今後のA

Ｉ開発競争においても主導的な立場を維持しようとする姿勢の表れと言えるでしょう。

一方、マイクロソフトとオープンＡＩは、グーグルに対抗するため、より野心的な計画を進めています。両社は液冷式の超高密度データセンターキャンパスを1ギガワット規模で建設中であり、さらにオラクル、クルーソー（Crusoe）、コアウィーブ（CoreWeave）、ＱＴＳ、コンパス（Compass）などの企業とも協力して、グーグルを上回るＡＩ学習・推論能力の実現を目指しています。特筆すべきは、マイクロソフトのウィスコンシン州のキャンパスで、完成すればマイクロソフトのオハイオ州の全サイトを合わせた規模を上回る見込みです。これは、オープンＡＩとの連携によるリーダーシップ確立を目指す戦略と見ることができますが、同社はソフトバンクとの連携も深めており、マイクロソフトの戦略は修正される可能性もあります。

ＡＷＳも大規模な投資を行っており、２０２4年にはペンシルベニア州のタレンエナジー社から９６０メガワットの原子力発電所に隣接するデータセンターを6億５０００万ドルで購入しました。これにより、ＡＷＳは10年間の電力購入契約を通じて、直接原子力発電所からエネルギーを調達できるようになります。こうした動きは、ＡＷＳが安定的かつクリーンなエネルギー源を確保し、ＡＩサービスの拡大に備えようとしていることを示しています。

これらの動きは、AIの発展に伴うデータセンターの電力需要の急増を反映しています。生成AI時代のデータセンターは、時として1ギガワットを超える電力を必要とし、これは米国の平均的な原子力発電所の出力に匹敵します。この膨大な電力需要に対応するため、各社はさまざまな戦略を展開しています。

そのため特に注目されるのが、原子力発電の活用です。マイクロソフトがスリーマイル島原子力発電所の電力調達に関する長期契約を結んだコンステレーション・エナジー社のCEOであるジョー・ドミンゲスは、「データセンターを含む、わが国の世界的な経済的・技術的競争力にとって重要な産業に電力を供給するには、毎日24時間カーボンフリーで信頼性の高いエネルギーが大量に必要です。原子力発電所は、その約束を一貫して果たすことができる唯一のエネルギー源です」と述べています。

この発言は、AIデータセンターの電力需要が従来の産業とは異なるとてつもない規模であることを示唆しています。

さらに、次世代原発といわれる「小型モジュール炉（SMR）」から電力調達する動きもあります。グーグルはカイロス・パワー社、AWSはX-エナジー（X-energy）社からの調達を相次いで発表しました。

こうした中でオープンAIも野心的な提案をしています。同社のサム・アルトマンCE

Oは、2024年9月にバイデン政権（当時）に対して、5ギガワット規模のデータセンターを米国内の複数の州に建設することを提案しました。さらに、アルトマンCEOは長期的には同規模のデータセンターを米国内に5～7基建設したい意向を示しています。この提案が実現すれば、総電力需要は東京エリア（関東、山梨、静岡の一部）の電力需要に匹敵する規模となります。

オープンAIはこれらの施設への投資により、数万人の新規雇用が生まれ、GDPが押し上げられ、米国がAI開発で主導権を維持できるようになるとアピールしています。しかし、このような巨大な電力需要をまかなうデータセンターの建設には多くの課題があります。供給力や送電網の拡張、そういった工事に関わる労働力の不足や作業スケジュールといった問題が積み重なり、実現には非常に長い時間がかかりそうです。

メガクラウド企業も課題を抱えています。アマゾンとタレンエナジー社の合意に対し、アメリカン・エレクトリック・パワーやエクセロンなどの電力会社が連邦エネルギー規制委員会（FERC）に苦情を申し立てるなどの軋轢《あつれき》も生じています。これは、テクノロジー企業の急速な拡大が既存のエネルギー市場に与える影響の大きさを物語っています。

そこから感じられるのは、デジタルインフラと電力システムの融合の萌芽です。生成AIを軸に、エネルギー産業とテック産業という既存の垣根を越えた新しい産業連携が起こりつつあると言えるかもしれません。

エネルギー企業側に戸惑いもある中、バイデン政権（当時）はＡＩデータセンターの開発を積極的に支援する姿勢を示してきました。２０２４年9月12日、同政権下で政府はＡＩ業界のリーダーや大手テクノロジー企業、データセンター運営者、電力会社の代表者を集めた重要な会議を開催し、その結果、ＡＩデータセンターインフラに関するタスクフォースが設立されました。

このタスクフォースは、国家経済会議、国家安全保障会議、そしてホワイトハウス副チーフ・オブ・スタッフ室が主導し、民間セクターと協力して成長機会を特定し、政府機関と連携してＡＩデータセンタープロジェクトの優先順位を決定することを目的としていました。また、既存の権限を活用する方法や新たな法制化が必要な分野の洗い出しを行い、ＡＩデータセンターの開発を米国の国家安全保障と経済的利益に結びつけることも重要な任務となっていました。

タスクフォースには、ＡＷＳのマット・ガーマンＣＥＯ、エヌビディアのジェンスン・フアンＣＥＯ、アルファベット（Alphabet）のルース・ポラットＣＩＯなど、業界を代表するトップリーダーたちが参加しており、政府と産業界が密接に連携してこの分野を発展させる意思が示されていました。

エネルギー省（ＤＯＥ）も、データセンター開発業者、所有者、運営者、および相互接続の利害関係者が税額控除や融資プログラム、技術支援を活用できるようなリソースリストを作成し、積極的に関与していました。

ＤＯＥの作業部会は、ＡＩの大規模言語モデルデータセンターの柔軟な立地や、地理的分散を模索すること、電力会社、データセンター開発業者、運営者、その他の主要な利害関係者間の対話を促進すること、それらにより、データセンター拡張に不可欠な発電・貯蔵・グリッド技術について、信頼性、コスト、性能、サプライチェーンの問題を迅速に評価することを推奨していました。こうした取り組みにより、ＡＩデータセンター開発を加速させる一方で、クリーンエネルギーの活用が推進され、増大する電力需要と環境保護の両立を目的としていました。

しかし、２０２５年１月からは、第二次トランプ政権がスタートしました。この政権下では、ＡＩ推進やデータセンター開発といった大きな方向性が失われることはないと見られる一方、バイデン政権下で検討されていたＡＩの安全性規制については緩和される方向へと向かう可能性が指摘されています。また、政権に参画しているイーロン・マスクの影響力次第で、サム・アルトマンがバイデン政権に対して行っていた提言の見直しがなされる可能性もあります。こうした情勢の変化により、ＡＩデータセンター戦略の細部や規制のあり方は再検討されるかもしれませんが、エネルギー確保とＡＩ活用という大局的な流れは変わらないと考えられます。

その具体的な動きの１つが、オープンＡＩ、ソフトバンクグループ、オラクルが共同で発表したＡＩインフラ開発プロジェクト会社「スターゲイト」です。５０００億ドル規模の出資を行う「スターゲイト」は米国内に新しいＡＩインフラを構築します。初期の出資者には先の３社のほか、アラブ首長国連邦の投資会社ＭＧＸが含まれています。技術パートナーとしては、マイクロソフト、エヌビディア、オラクル、オープンＡＩに加え、２０１６年にソフトバンクグループとなった英国本社のアームが参加する予定とされます。

米国の電力業界側も防戦するだけではなく、データセンターを活用する動きが起こっています。米電力研究所（ＥＰＲＩ：Electric Power Research Institute）はＤＣフレックスイニシアチブ（DCFlex Initiative）を２０２４年夏に始動させています。このイニシアチブは、データセンターを単なる電力の大量消費者から、電力グリッドの信頼性、回復力、そして経済性を高める動的な資産へと変革することを目指しています。

このイニシアチブは、２つの連携したコンポーネントで構成されています。１つ目は米電力研究所が主導するフレキシビリティハブ開発です。これは、既存および新規の施設を使用して、多様な展開を行います。バイオディーゼルや水素などの代替燃料、先進的なエネルギー貯蔵システムを活用した柔軟性とバックアップ電源ソリューション開発も含まれます。それぞれの実証実験において、運用の信頼性、電力品質、回復力に関する最高基準を満たすよう設計され、包括的な測定と検証が行われます。

２つ目のコンポーネントは、米国エネルギー省と連携した実証基盤の整備です。これは、同省の高性能コンピューティングイニシアチブを基盤として、ＡＩハードウエア、計算アーキテクチャ、アルゴリズム、冷却技術などの研究を推進します。このコンポーネントは、データセンターのエネルギーと水の効率、運用の柔軟性、全体的なパフォーマンスの向上を加速することを目指しています。

今後、ＤＣフレックスイニシアチブの進展に伴い、具体的な成果や課題、ベストプラクティスなどが共有されることが期待されています。これらの知見は、データセンター業界全体の持続可能性と効率性の向上につながる可能性があります。また、このイニシアチブの成果は、他の大規模エネルギー消費産業にも応用できるかもしれません。

さらに注目すべきは、このイニシアチブがＡＩ駆動型データセンターの潜在能力を最大限に引き出そうとしている点です。ＡＩの急速な発展により、データセンターの電力需要は急増していますが、ＤＣフレックスイニシアチブはこの状況をチャンスと捉えています。AIを活用することで、データセンターは電力グリッドの安定化に積極的に貢献し、同時に自身の運用効率も向上させることができると見ているのです。

このイニシアチブは単なる技術実証にとどまらず、業界全体の意識改革を促す狙いも掲げています。データセンター運営者、電力会社、規制当局など、関係するすべてのステークホルダーが、データセンターと電力グリッドの関係を新たな視点で捉え直すことが求められています。

デジタル中国と中国のAIデータセンター市場

中国のAIデータセンター市場もまた、今まさに急速な成長期を迎えています。政府主導の大規模投資と民間企業の積極的な参入により、その市場規模は拡大の一途をたどっています。

中国政府は「デジタル中国」という壮大な構想を掲げ、過去数年間でコンピューティングデータセンター建設に435億元（約8900億円）以上という莫大な投資を行ってきました。この積極的な投資姿勢が、市場全体を大きく牽引しています。調査会社モルドールインテリジェンス（Mordor Intelligence）によると、中国のデータセンター建設市場は2024年に92億ドル（約1兆円）に達し、2030年までに157億ドル（約1・7兆円）に成長すると予測されています。この成長を後押ししているのが、AIの採用拡大やグローバルサプライチェーンの変革です。企業がデジタル化を加速させる中、AIデータセンターの需要は今後も高まり続けるでしょう。

こうした中、中国でも注目すべきさまざまなプロジェクトが立ち上がっています。2022年に「デジタル中国」の一環として中国政府が打ち出した「東数西算」プロジェクトは、国家規模のデータセンター戦略です。このプロジェクトの狙いは、西部地域の豊富なエネルギー資源を活用し、そこで生み出されたコンピューティングパワーを東部沿岸の経済拠点に移転することです。具体的には、西部地域に8カ所の主要データセンターハブの建設が進められています。この取り組みにより、エネルギー効率の向上とコンピューティング能力の地域間格差の是正が期待されています。

テンセント（Tencent）は「腾讯云智算（テンセントクラウドインテリジェントコンピューティング）」と呼ばれる次世代AIインフラを開発し、コンピューティング、ストレージ、ネットワークソリューションを包括的に提供しています。

また同社は独自のAIチップ開発にも力を入れています。画像・動画・自然言語処理に特化した「紫霄（Zixiao）」、動画トランスコーディング用の「滄海（Canghai）」、ネットワークインターフェースコントローラーの「玄霊（Xuanling）」など、用途に応じたチップを次々と生み出しています。

通信機器大手のファーウェイ（Huawei）も、AIデータセンター市場で存在感を示しています。同社は「信頼性、シンプル、環境配慮、スマート」をキーワードとする次世代データセンターアーキテクチャの開発に注力しています。

EC大手アリババ（Alibaba）の子会社であるアリババクラウドは、グローバル市場を視野に入れた戦略を展開しています。同社が発表した次世代データセンター「キューブDC5・0（CUBE DC）5・0」は、その野心的な姿勢を象徴するものと言えるでしょう。

キューブDC5・0の特徴は、ハイブリッド冷却システム、全直流配電アーキテクチャ、スマート管理システム、そしてプレハブ式モジュラーデザインにあります。これらの技術の組み合わせにより、従来のデータセンター建設と比較して、展開時間を最大で50％も短縮することに成功したとしています。

さらにアリババクラウドはオープンソースの通義千問（Qwen）2・5をマルチモーダル言語モデルとして公開するなど、中国発のAI技術普及も進んでいます。

こうした動きに対して、2024年9月に米国で開催されたAI＋エネルギーサミットの開会スピーチにおいて主催団体である特別競争力研究プロジェクト（SCSP）のユーリ・バイラクターリCEOは「中国の発電能力は米国の2倍以上であり、AI開発における主要なボトルネックが電力である場合、米国はすでに後れをとっている」と発言しています。

米国をはじめとする国際社会からの技術輸出規制や安全保障上の懸念が中国企業の海外展開や技術開発に影響を与える一方で、相対的に潤沢な電力を確保できていることから中国のAI技術開発が優位に立つ可能性もあるのです。

その具体的な事例として2024年末以降、一気に脚光を浴びたディープシーク（DeepSeek）があります。テンセントやファーウェイ、アリババといった大手企業ではなく、いわば中国発のスタートアップで資本力の小さい同社が、オープンAIの最新モデルの性能を凌駕《りょうが》するLLMを低コストで学習させ、破格の利用料金でサービスを開始するだけでなく、学習済みモデルを公開し、誰もが自由に利用できるようにしたのです。この動きは、もはや高価なGPUは不要になるのではないかといった臆測を拡大させ、米国でのAI関連株価に大きな打撃を与えたことから、ディープシーク・ショックとも言われました。

その後、生成AIの構築手法は、まだまだ発展プロセスにあり、ディープシークの成果はその発展の一里塚にすぎず、むしろ低コストで生成AIが活用できるようになることで計算リソースの需要は増大していくことに変わりはないと冷静に受け止められるようになりました。ディープシーク騒動の教訓は、資本の小さい企業にもまだチャンスがあることが明らかになったことで日本の研究者や企業を勇気づけたと言えるのかもしれません。

メガクラウドの日本への投資も拡大中

さて、日本の現状はどうなっているでしょうか。

従来のクラウド需要の拡大に加えて生成AIの急速な浸透・発展の流れを受け、日本においてもデータセンター需要が急増しています。この需要に応えるべく、グーグル、アマゾンのAWS、マイクロソフト、オラクルといった世界的なメガクラウド企業が、日本市場への大規模な投資を積極的に進めています。

まず、グーグルの最新の動向から見ていきましょう。グーグルは2022年、「デジタル未来構想」として2024年にかけて総額1000億円を日本社会に投資する計画を発表しました。この投資の一環として、2023年4月に日本初のグーグルデータセンターを千葉県印西市に開設しました。

さらにグーグルは2024年4月、1500億円を投資して日米をつなぐ海底ケーブル敷設計画を発表しました。2024年10月にはスンダー・ピチャイCEOが来日し、日本での投資についてさらなる説明を行いました。ピチャイCEOは生成AIをめぐる地域間の競争が激化する中、労働人口の減少を補う「仕事を手伝うAI」で日本が世界に先行できる可能性があるとの見方を示しました。

ピチャイCEOは「投資拡大に向けて複数の選択肢を検討しており、再生可能エネルギーで稼働するデータセンターなどにチャンスがあると見ている」とも述べています。

次に、アマゾンのAWSの動向を見てみましょう。AWSは2024年4月、2023年から2027年にかけて約2・3兆円を日本市場に投資する計画を発表しました。この投資の大部分は、データセンターの建設と拡張に充てられる予定です。AWSの投資は単なるインフラ整備にとどまりません。同社は日本におけるクラウド人材の育成にも力を入れています。この取り組みは、日本のデジタル人材不足の解消に寄与する形をとりながらAWSのエコシステムを拡大する戦略的な動きと言えるでしょう。

マイクロソフトも日本市場への投資を積極的に進めています。同社は2024年4月、今後2年間で日本に4400億円を投資する計画を明らかにしました。マイクロソフトの投資は、単にインフラ整備だけでなく、日本のデジタル転換を加速させることを目的としています。同社は、この投資を通じて日本のデジタルインフラを強化し、企業の生産性向上や新たなビジネス機会の創出を支援することを目指しています。また、マイクロソフトは日本政府のデジタル化推進政策とも連携し、官民一体となったデジタル化の推進を支援する思惑です。

最後に、オラクルの最新の投資計画を見てみましょう。日本オラクルは2024年4月、日本での事業に対する大規模な投資計画を発表しました。同社は、クラウドとAIの領域に対し、今後10年間で約1・2兆円以上を投じる計画です。この投資には、国内のデータセンター設備の増強や人員の強化が含まれています。

特徴的なこととしてはオラクルが「デジタル主権」の概念を重視している点です。海外に依存せずに自国内でデータを管理する考え方に対処するため、国内の運用人員とサポートエンジニアリングチームを拡大する計画です。具体的には、同社のクラウドサービス「Oracle Cloud Infrastructure（OCI）」の東京と大阪のリージョンを担当するカスタマーサポートチームを拡大します。

さらに、オラクルはパートナー企業とのエコシステム強化にも注力しています。「オラクルアロイ（Oracle Alloy）」という仕組みを通じて、パートナー企業がOCI相当のクラウドサービスを提供できるようにします。また、「OCI Dedicated Region」を通じて、顧客企業のデータセンター内にOCIのサービスを構築することも可能になります。これらの取り組みは、オラクルが日本市場におけるプレゼンスを強化し、顧客のニーズにより柔軟に対応しようとする姿勢を示しています。

日本国内でのメガクラウドの旺盛な需要を背景に外資系不動産会社を主体としたデータセンター施設開発にも拍車がかかっています。香港不動産大手のESRによる25メガワット級の施設が大阪市住之江区に登場し、MCデジタル・リアルティ（三菱商事と米デジタル・リアルティ・トラストが折半出資）は千葉県印西市に建設、このほか福岡県北九州市および糸島市に進出する米アジア・パシフィック・ランドグループ、三井不動産と提携したシンガポールのケッペルなども相次いで参入しています。

これらのメガクラウド企業の大規模投資は、日本のデータセンター市場に大きな影響を与えています。しかし、これらの投資には課題も存在します。最大の課題は、データセンターの電力需要の急増です。特に、AIワークロードの増加に伴い、データセンターの電力消費量は従来の予測を大きく上回るペースで増加しています。第1章で述べたように、例えば東京電力管内では2037年度までにデータセンター向けの契約電力が2024年度の16倍、約950万キロワットが申し込まれています。

この急激な需要増加を受けて、電力会社や送配電事業者は対応に追われることになります。新規のデータセンター建設に必要な電力を確保できるか、また送電網の容量は十分かといった課題が浮上しています。こうした課題に対処するため、メガクラウド企業は再生可能エネルギーの活用や省エネ技術の導入を積極的に進めています。

例えば、グーグルは2030年までに全世界のデータセンターと事務所で使用する電力を24時間365日カーボンフリーエネルギーでまかなうことを目指しています。AWSも2025年までに会社全体で100%再生可能エネルギーを使用する目標を掲げています。これらの取り組みは、データセンターの持続可能性を高めるとともに、日本の再生可能エネルギー市場の成長にも寄与するでしょう。

海深く広げられる電力グリッド構築の最前線と課題

メガクラウド企業から日本へのデータセンター設置の投資は活発化しているわけですが、需要を支える国内の電力システム事情はどうなっているのでしょうか。第1章で述べた通り、再生可能エネルギーの拡大に伴って需給のギャップを解消するための出力制御が常態化する中、生成AIの電力問題を解決することを目的の1つとした電力ネットワークの広域連系のあり方について、検討が進められてきました。

2023年3月29日に電力広域的運営推進機関が策定・公表した「広域連系系統のマスタープラン」がその具体案になります。このマスタープランの特徴は、その規模の大きさと、それに伴う膨大な投資額にあります。電力広域的運営推進機関の試算によると、このマスタープランに基づく系統増強の必要投資額（概算）は約6兆～7兆円に達すると見込まれています。この巨額の投資は、日本のエネルギーインフラを根本から変革する可能性と同時に、その実現に向けた最大の課題ともなっています。

6兆～7兆円という投資額は、日本の年間GDP（約680兆円）の約1～1・2％に相当する規模です。これは単なるインフラ整備の域を超え、国家的プロジェクトと呼べる規模のものです。この巨額の投資は、２０５０年カーボンニュートラルの実現と電力の安定供給という2つの大きな目標を同時に達成するために不可欠とされていますが、その調達と効果的な活用には多くの課題もあります。

マスタープランの中核にあるのは、全国規模での送電網の大規模な増強計画です。北海道から九州まで、日本全土を網羅する形で地域間連系線の強化が計画されています。例えば、北海道と本州を結ぶ連系線、東北と東京を結ぶ連系線が大幅に拡充される予定です。また、東日本と西日本の周波数の違いを調整する東京中部間の周波数変換設備も能力が引き上げられます。これらの増強計画に加えて、新たな連系線の建設も予定されています。中部関西間には新規連系線が計画されており、北陸関西間と中部北陸間でも増強が検討されています。これらの計画すべてを実現するためには、巨額の投資が必要となるわけです。

この巨額投資の背景には、日本が直面する複数の課題があります。２０５０年までに温室効果ガスの排出を実質ゼロにするというカーボンニュートラル目標の達成には、再エネの大規模な導入が欠かせません。

しかし、再生可能エネルギーには、第1章の出力制御でも触れたように季節変動によって需給のギャップが生じるという時間的な課題に加えて、比較的人口密度が低く利用可能な広い土地のある地域に集中立地されることが多いという地理的・空間的な課題がありま す。例えば風力発電は北海道・九州、太陽光発電は北関東や九州などに集中立地が進んでいます。また洋上風力発電の適地も北海道・九州沿海に集中しています。

つまり、再生可能エネルギーの適地と大規模な電力需要地は必ずしも一致しないということです。そのため、再エネ適地で発電された電力を需要地へ効率的に送る必要があり、送電網の大規模な増強が求められているのです。

先述のように、データセンターバブルの様相を呈しているここ数年は、都心近郊において大容量のデータセンターの立地が進んでいます。67ページの図3に、東京電力パワーグリッドに連系する既設太陽光発電の分布と、新規に申し込まれる約9・5ギガワットのデータセンター立地場所を示しました。太陽光は北関東などに集中する半面、データセンターは都心50キロ圏内に集中しています。

このため、北関東への再エネ大量導入を支え、さらに首都圏のデジタル化を支えるためには、北関東から首都圏への送電網を増強し、さらに都心から近傍にあるデータセンター集中立地場所への送電網も増強する必要が生じているのです。送電網の増強には、大規模な送変電設備を立地するための用地取得などに多大の時間を要するため、一般には5～10年がかかるのが常であり、GX（グリーントランスフォーメーション）とDX（デジタルトランスフオーメーション）のスピーディな推進のための大きな課題にもなっています。

こうした地理的・空間的問題の1つの打開策は、脱炭素電源の近傍にデータセンターや半導体工場などの次世代産業を誘致することです。北海道、九州や北関東などにデータセンターの立地が進めば、データセンター事業者も再生可能エネルギーを地産地消で活用でき、再エネ事業者の採算も成り立ちやすくなるとともに、両者の系統接続の時間が短縮され、GXとDXへの統合的な解決策になります。しかしそのためには、脱炭素電源のあるエリアへの光ファイバー網の整備や政策的な誘導措置などが必要になると考えられます。

日本の電力システムは長年、地域ごとに分断された形で発展してきました。この状況を改善し、より効率的で柔軟な電力供給を実現するためには、地域間の連系を強化する必要があります。さらに、首都直下地震などの大規模災害時に備えて、電力供給のバックアップ機能を強化することも重要な課題となっています。これらの課題に対応するためには巨額の投資が必要不可欠というシナリオです。

しかし、この巨額投資の実現には多くの課題が存在します。最も大きな課題の1つが、工事費の変動リスクです。現在進行中の広域系統整備計画においても、当初の計画よりも工事費が増加する見込みが報告されています。巨額の投資を効果的に管理するためには、

図3 データセンターと太陽光発電の立地場所のギャップ（東京電力パワーグリッド）

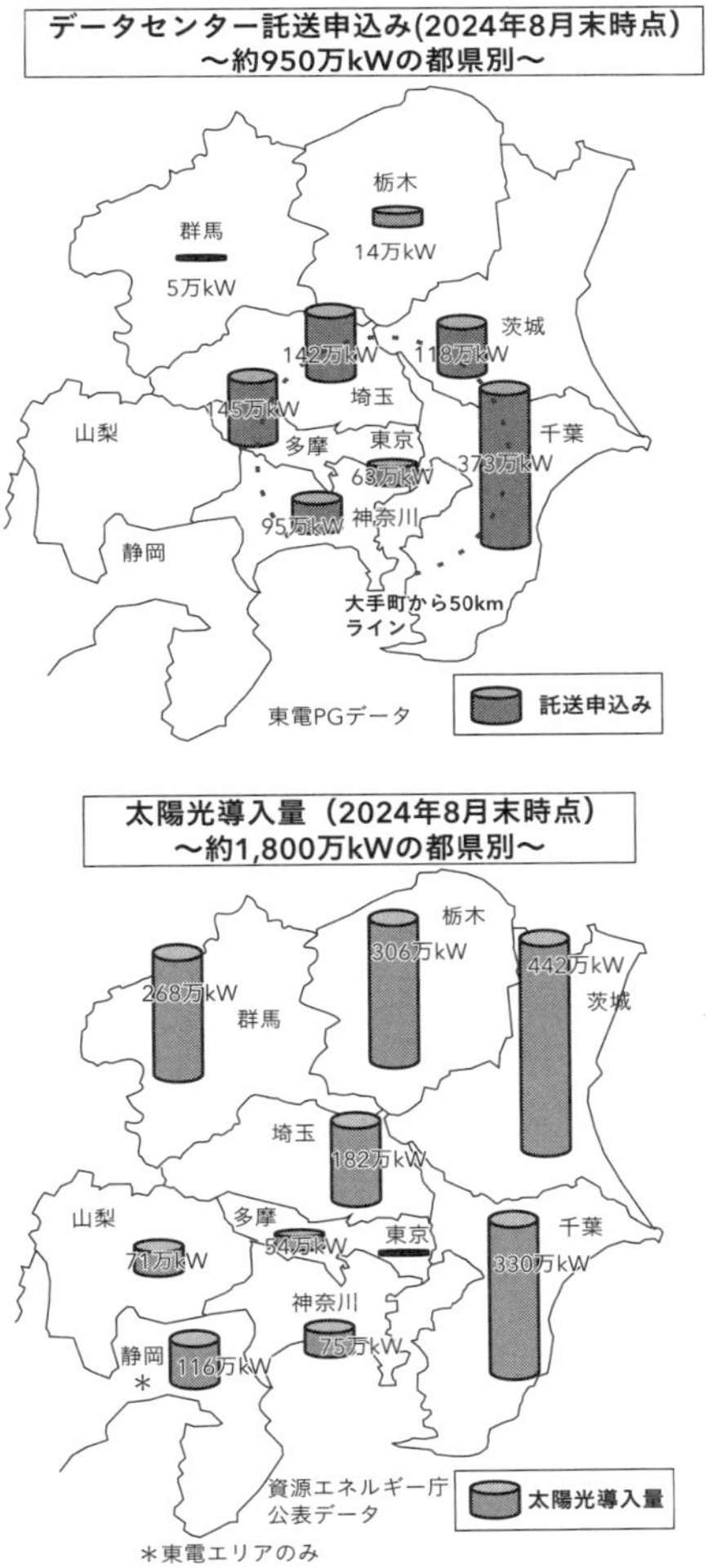

出所：東京電力パワーグリット、「内閣府GX2040リーダーズパネル」資料

工事費変動の要因を詳細に分析し、継続的なコスト低減策を講じていく必要があります。
また、この巨額投資を円滑に進めるためには、資金調達・回収環境の整備も重要です。現在、GX脱炭素電源法（2023年5月成立）等で措置された広域系統整備交付金や電力広域機関の貸付制度などが検討されていますが、大規模投資を支えるためには、これらの制度の具体化を早急に進める必要があります。

さらに、巨額投資の費用回収の仕組みも明確にする必要があります。現在の託送料金制度を基本としつつ、全国規模の系統整備に伴う費用をどのように回収していくのか、その具体的な方法を確立することが求められています。この巨額投資が電力料金にどの程度影響を与えるのか、国民の理解を得ながら進めていく必要があるでしょう。

技術面での課題も存在します。例えば、北海道と本州を結ぶ海底直流送電線の建設には、高度な技術と経験が必要となります。また、再生可能エネルギーの大量導入に伴う電力系統の安定性維持も重要な技術的課題です。6兆～7兆円という投資額の中には、これらの技術的課題を解決するための研究開発費も含まれており、その効果的な活用が求められます。

マスタープランの実現には、地域社会との調和も重要な課題となります。巨額の投資は、各地域に大きな影響を与える可能性があります。新たな送電線の建設や既存設備の増強には、地域住民の理解と協力が必要不可欠です。環境への影響を最小限に抑えつつ、地域経済への貢献を明確に示すなど、きめ細かな対応が求められるでしょう。

「電力ではなくデータを運ぶ」という発想の転換
――通信ケーブルのコストは電力ケーブルの100分の1

再生可能エネルギーは適した場所で発電し、電力を使う地域（需要地）は利用者が自由に選ぶという発想を前提にしています。そのため、発電と需要にギャップが生じた場合は、送電網を強化して対応することが基本的な方針になっています。

しかし、こうした発想で、生成AIの電力問題は解決できるでしょうか？

生成AIを処理するコンピュータの計算資源を配置するデータセンターは、従来の大型電力需要施設とは異なる考え方ができます。先述の通り、これまでデータセンターは、他の電力需要施設と同様にユーザーの近くに設置することが当然と考えられてきました。しかし、通信インフラと電力インフラを一体として考えることでこの常識を覆すことが可能になるのです。

このように電力（ワット）のためのグリッドと、情報（ビット）のためのネットワークを連携させて統合的に考えることを、私たちは「ワット・ビット連携」と呼んでいます。

これは、電力（ワット）と情報（ビット）の流れを総合的、俯瞰的に捉え、最適化を図るという発想です。ワットのあるところに、次世代のビット型産業（半導体工場やデータセンター）の立地を誘導することがその第一歩となります。実は、通信ケーブルと電力ケーブルのコスト差が、この変革のカギとなっています。通信ケーブルの敷設・維持コストは、電力ケーブルのわずか１００分の１程度です。このコスト差は、データセンターの立地戦略を根本から見直す契機となりえます。

大量の電力を消費するデータセンターを、従来のようにユーザーの近くに置くのではなく、再生可能エネルギーの発電拠点の近くに配置する。そして長距離の通信ケーブルでユーザーとつなぐ。このアプローチは、経済性と環境負荷の両面で大きな利点をもたらします。

一方、電力を長距離輸送することは、送電ロスや高額なインフラ投資を伴うことは先述の電力広域的運営推進機関によるマスタープランを見れば明らかです。それに比べ、光ファイバーによるデータ転送は、はるかに効率的で低コストです。

ワット・ビット連携に基づいた「電力ではなくデータを運ぶ」という発想の転換こそ、次世代のデータセンター戦略の核心となるでしょう。

このアプローチは、単にコスト削減だけでなく、カーボンニュートラルの実現にも大きく貢献します。第1章で述べたように再生可能エネルギーの変動的な性質に合わせて、データセンターを稼働し、エネルギー活用を最大化することも可能になります。例えば、風力発電の出力が高い時期や時間帯に、そのエリアのデータセンターの処理量を増やすといった柔軟な運用が実現できるのです。すなわち再エネが抱える季節変動や設置場所という時間的・空間的課題を逆手に取って、新たなイノベーションの機会を創出することにもつながります。

こうした戦略は、通信インフラと電力インフラの一体的な構築・運用を必要とします。これは、従来の縦割り的なインフラ整備の考え方からの大きな転換を意味します。電力会社、通信事業者、データセンター運営者が、密接に連携し、統合的な視点でインフラを設計・構築していくことが求められます。

この新しいアプローチは、地方創生にも一役買うでしょう。再生可能エネルギーの豊富な地方にデータセンターが設置されることで、新たな雇用が生まれ、地域経済の活性化につながるかもしれません。また、そこで生み出される廃熱を地域の暖房や農業に利用するなど、地域との共生モデルを構築することも考えられます。

GX2040「通信インフラと電力インフラを一体開発へ」

内閣府は、GXを推進するための国家戦略「GX2040ビジョン」を2025年2月に閣議決定し、通信インフラと電力インフラの一体的な開発方針をサポートしています。この新たな戦略は、これまでの個別最適化された整備計画を根本から覆すアプローチです。デジタル社会の急速な進展と脱炭素化への移行という2つの大きな潮流を同時に捉え、効率的かつ持続可能なインフラ構築を目指すもので、こうした考え自体は、徐々に浸透しつつあります。

従来、電力グリッドと通信網は別々の系統として扱われ、それぞれの需要に応じて個別に整備されてきました。しかし、DXとGXが同時に進行する現代において、この2つのインフラを分離して考えることはもはや適切ではありません。データセンターの急増に伴う電力需要の爆発的増加や、再生可能エネルギーの不安定な供給特性など、新たな課題に直面する中で、両インフラの統合的な設計と運用が不可欠となっています。

そして「ワット・ビット連携」は、GX2040ビジョンが提案する一体的開発方針の核心となる考えでもあります。この新たなアプローチの利点は多岐にわたります。

まず、インフラ投資の効率化が挙げられます。電力グリッドと通信網を同時に整備することで、工事の重複を避け、コスト削減と工期短縮が可能となります。再生可能エネルギーの導入促進にも大きく貢献します。変動の大きい再エネ電源の特性に合わせて、柔軟にデータ処理負荷を調整することで、電力系統の安定化と再エネの最大限の活用を両立できるのです。

さらに、この一体的アプローチは地域活性化の新たな切り口にもなりえます。豊富な再生可能エネルギー資源を有する地方部に、高度なデータ処理機能を備えたインフラを整備することで、新たな産業集積や雇用創出につながる可能性があります。これは、東京一極集中の是正や地方創生といった日本の長年の課題解決にも寄与する画期的な戦略と言えるでしょう。

技術面では、先述のIOWNに代表される光電融合技術の進展がこの一体的開発を強力に後押しします。光を利用した革新的な情報処理技術により、従来の電子回路に比べて圧倒的に低消費電力かつ高速な情報処理が可能となります。

これにより、物理的な距離による制約が大幅に緩和され、地理的に分散したデータセンター間でもあたかも1つのシステムのように連携できるようになります。結果として、再生可能エネルギーの地域的な偏在性というデメリットを、情報処理の柔軟な分散によって相殺できるのです。

GX2024ビジョンにおいて示された通信インフラと電力インフラの一体的な開発という視点は、経済産業省と総務省が進めてきたデジタルインフラ整備に関する有識者会合での検討内容にも呼応します。

しかし、この野心的な構想の実現には乗り越えるべき課題も多くあります。まず、電力事業者と通信事業者という異なる業界間の緊密な連携が不可欠です。両者の事業計画や投資サイクルの調整、さらには規制面での整合性確保など、従来の縦割り構造を超えた柔軟な協力体制の構築が求められるのです。

また、セキュリティの観点からの慎重な検討も欠かせません。電力系統と情報通信網の一体化は、サイバー攻撃のリスクを増大させる可能性があります。両インフラの相互依存性が高まれば、一方のシステムの脆弱性が他方にも波及するリスクが生じるため、統合的なセキュリティ対策の確立が急務です。

さらに、プライバシーの保護も重要な論点となります。電力使用データと情報通信の利用パターンを組み合わせることで、個人や企業の行動がより詳細に把握できるようになる可能性があります。こうしたデータの取り扱いに関する明確なガイドラインや、透明性の高い運用体制の構築は欠かせません。

技術面では、両インフラを統合的に制御するための高度なAIシステムの開発が課題となります。電力需給の変動と情報処理負荷の変化を実時間で予測し、最適な資源配分を行うためには、膨大なデータ処理と複雑な意思決定が必要となります。このような高度な制御システムの開発と実用化には、産学官の連携による継続的な研究開発投資が求められます。

ソフトバンクグループの取り組み

GX2040ビジョンが示す方向性に呼応する形で国内において積極的な投資を進めている企業の1つがソフトバンクグループです。

同社は、生成AIを新たな価値創出の原動力として捉え、社会実装を積極的に進めています。AIを単なる業務効率化ツールではなく、企業の事業領域を拡張し、新たな価値を生み出すための「武器」と位置づけています。この認識のもと、ソフトバンクはAI共存社会の実現に向けて、AIを活用したサービス提供とそれを支えるインフラ整備の両面から事業を展開しています。こうした考えを、2024年10月に開催された同社の法人ユーザー向けイベント「Softbank World 2024」においても具体例とともに説明しています。

生成ＡＩ事業では企業向けのＡＩ活用支援サービスを展開し、顧客企業の課題解決や事業成長に貢献することを目指しています。社内においても、「待ち時間ゼロのコールセンター」「詐欺ゼロの金融サービス」「商談における事前準備の自動化」など、ＡＩを積極的に活用した事例を生み出しています。

さらに、ソフトバンクグループ孫正義会長兼社長は、生成ＡＩの可能性についてより長期的かつ抜本的な未来を見据えています。孫会長は、近い将来、個人を代理するＡＩによるパーソナルエージェントが普及し、人々の生活に寄り添う存在になると予測しています。さらに、パーソナルエージェント同士が知識を共有し合うＡ to Ａ（Agent to Agent）の世界が到来することも見込んでいます。

このような生成ＡＩの普及を支えるインフラとしてのデータセンターの重要性も踏まえ、ソフトバンクは、国内データセンター市場における課題として、東京圏・大阪圏への集中によるレジリエンスの低下と高コスト構造を指摘しています。これらの課題を解決するため、同社は「都市集中型」から「地方分散型」への転換を提唱し、全国規模でのデータセンター網の構築を目指しています。

具体的には、地方分散型データセンターの構築において、２つの規模のデータセンターを段階的に展開する計画を立てています。１つは「学習＋推論（ギガワット級データセンター）」で、北海道、北陸、九州などの電力供給に余裕のある地域に、１拠点あたり１ギガワット規模の大型データセンターを３～５拠点整備するというものです。もう１つは「推論＋ストレージ（中型分散データセンター）」で、各都道府県に１拠点ずつ、１００メガワット規模の中型データセンターを47拠点整備する計画です。

特に、各都道府県への設置を計画している中型データセンターは、都道府県単位で管理・運営されているインフラとの親和性が高いと考えられています。例えば、交通量の最適化やインフラ保守の効率化など、地域課題の解決に貢献できる可能性があります。

実際のところ、国内におけるデータセンター整備には課題もあります。ソフトバンクは、建設コストと電気代の高さを指摘しています。日本は地震が多いことから高い耐震基準が求められ、建設コストも割高です。また、エネルギー自給率の低さから化石燃料の輸入に依存しており、電気代の高さにつながっています。

これらの課題を克服するため、ソフトバンクは経済的インセンティブの拡充が必要だと主張しています。具体的には、「ＤＸ投資促進税制」や「国家戦略特区」といった既存制度において、データセンター事業者への優遇措置を拡充することを提言しています。

孫会長は、生成ＡＩの進化を「知のゴールドラッシュ」と表現し、その可能性に大きな期待を寄せています。さらに真のイノベーションのためには小型言語モデルではなく、世界最高レベルのＡＩ開発に投資すべきだと主張しています。さらには、ＡＩの進化を8段階で説明し、最終的には人間の知能をはるかに超えた「人工超知能（ＡＳＩ）」が誕生すると予測しています。そして、この超知能は人類の幸せを願う存在になるとの見解を示しています。

ドナルド・トランプの大統領への当選を機に、孫会長はさらに目まぐるしい積極的な行動に出ています。２０２４年12月16日に就任前のトランプを電撃訪問し、４年間で１０００億ドルの対米投資を約束しました。就任直後の２０２５年1月21日には、４年間で５０００億ドル規模を投資する先述の「スターゲイト」プロジェクトをぶち上げました。さらに同年2月3日には国内で大企業を集めたイベントを開催し、ソフトバンクグループとオープンＡＩは、企業向け最先端ＡＩ「クリスタル・インテリジェンス（Cristal intelligence）」の開発・販売に関するパートナーシップを発表しています。その展開を加速するため、合弁会社「SB OpenAI Japan」の設立にも合意し、日本の主要企業に対して、企業向け最先端ＡＩを独占的に販売していくと高らかに宣言しました。米国でスターゲイトを推進しながら、良質なデータが豊富に蓄積されている大企業に対して最先端ＡＩを世界に先駆けて日本から提供していくという構想です。

データセンターは国土破壊か、日本の救世主か

繰り返しになりますが、メガクラウド企業による日本国内への開発投資は加速しています。各社による大規模データセンターの建設は、日本にとってメリットとデメリットの両面があります。まず、時間帯・地域によって余剰する再生可能エネルギーの利用促進というメリットがあります。データセンターは大量の電力を消費するため、太陽光発電や風力発電などの変動型再生可能エネルギーの需要先として期待されています。また高性能なGPUサーバーを配備するデータセンターを国内に確保することは、国際競争力の観点でも不可欠です。AIの研究開発や実用化において、計算資源の確保は極めて重要です。

一方で無秩序な開発はトータルでは国内の産業・生活における電力不足につながりかねません。さらにデータセンターの運用が米国のメガクラウド企業に席巻される環境も、国内のデジタルインフラ整備といった観点からは手放しで喜べません。

ここで着目しておくべきことは、今後のAIの利用形態の変化です。これからは学習よりも推論の比重が高くなることが予想されることは繰り返しお伝えした通りです。つまり、モデルの開発（学習）よりも、そのモデルを使って実際に処理を行う（推論）ケースが

増えるということです。

推論処理では、必ずしも何万ものGPUを密度高く集積した巨大なデータセンターは必要ではありません。むしろ、ソフトバンクの戦略のようにユーザーに近い場所に中・小規模のデータセンター（エッジデータセンター）を分散配備するほうが効率的な場合があります。これは、データの転送時間を短縮し、リアルタイム処理を可能にするためです。

このエッジデータセンターの分野にこそ、日本企業の勝機が潜んでいるかもしれません。日本は製造業の強みを活かし、高効率で信頼性の高いエッジデータセンターの開発・製造で優位性を持つ可能性があります。また、5Gや6Gなどの次世代通信技術と組み合わせることで、新たな付加価値を生み出すこともできるでしょう。


エッジデータセンターの展開を考える上で参考になるのが、米国の小売大手ウォルマートの事例です。ウォルマートは、大手クラウドプロバイダーの利用と自社のプライベートクラウドの構築を巧みに組み合わせた「ハイブリッドクラウド戦略」を展開しています。

従来、ウォルマートはマイクロソフトアジュール（Microsoft Azure）とグーグルクラウドプラットフォーム（Google Cloud Platform：GCP）を主に利用していました。これらの外部クラウドサービスを活用することで、急速なデジタル化に対応し、eコマース事業の拡大やデータ分析の高度化を実現してきました。

しかし、ウォルマートは単に外部のクラウドサービスに依存するのではなく、自社の強みを活かしたユニークな戦略を展開しています。その核となるのが「ウォルマートクラウド」と呼ばれる自社開発のプライベートクラウドです。ウォルマートクラウドの特徴は、全米に展開する店舗ネットワークを活用したエッジコンピューティングの仕組みにあります。各店舗には小規模なデータセンター機能を持つエッジデバイスが設置されており、これらが分散型のコンピューティングリソースとして機能します。

この仕組みにより、ウォルマートは以下のような利点を得ています。

❶ **リアルタイムデータ処理**――店舗内での在庫管理、需要予測、価格最適化などをリアルタイムで行うことができる

❷ **ネットワーク負荷の軽減**――データの一次処理を店舗内で行うことで、中央のデータセンターへのデータ転送量を削減し、ネットワーク負荷を軽減

❸ **プライバシー保護の強化**――顧客データの多くを店舗内で処理することで、データのプライバシーとセキュリティを向上

④ コスト削減――外部クラウドサービスの利用を最適化することで、全体的なＩＴ運用コストの削減を実現

⑤ 柔軟性の向上――自社開発のクラウドシステムにより、小売業特有のニーズに合わせたカスタマイズができる

現在、ウォルマートは「トリプルクラウドモデル」と呼ばれる戦略を採用しています。これは、自社のウォルマートクラウド、マイクロソフトアジュール、グーグルのＧＣＰの３つを組み合わせて利用するモデルです。各クラウドの特性を活かし、用途に応じて最適なプラットフォームを選択しています。

さらに注目すべきは、ウォルマートがこの自社開発のクラウド技術を他の小売業者にも提供し始めていることです。これは、アマゾンのＡＷＳに対抗する新たなビジネスモデルとして注目されています。ウォルマートの事例は、日本企業がデータセンター戦略を考える上で重要な示唆を与えています。巨大なクラウド事業者と正面から競争するのではなく、自社の強みを活かしたエッジコンピューティングの仕組みを構築することで、独自の価値を生み出すことができるのです。

この戦略は、データ主権の確保という観点からも重要です。近年、データの国外流出や外国政府によるアクセスなどが懸念されており、重要なデータを国内で管理する必要性が高まっています。ソブリン性（国家主権）を意識して、メガクラウドに学びながら自国のノウハウとして蓄積していくことが重要です。これは、明治時代に富岡製糸場で西洋の技術を学び、日本の製糸業の発展につなげたことに似ています。現代版の「令和の富岡製糸場」として、データセンター技術を国内に根付かせる取り組みが求められています。

さらに、日本の技術力を活かした新たなパラダイムシフトにもチャレンジすべきです。その一例が、前章でも触れた、光技術を基盤とした革新的なネットワーク・情報処理基盤IOWN構想です。

電気信号ではなく光信号を用いることで、大幅な低消費電力化と高速化を実現することを目指しているIOWNが実現すれば、データセンターのあり方も大きく変わる可能性があります。例えば、光電融合技術により、データセンター内の電力消費を大幅に削減できる可能性があります。また、光ネットワークの特性を活かした分散コンピューティングにより、巨大なデータセンターを必要としない新たな情報処理の形が生まれるかもしれません。

このように、日本の技術力を結集した新たなアプローチにより、メガクラウド企業とは異なる形でデータセンターの未来を切り開く可能性があります。これは単なる技術開発にとどまらず、日本の産業競争力を高め、新たな経済成長のエンジンとなりえます。

外資によるデータセンター開発を「国土破壊」ではなく、日本の産業・生活力の基盤として活用し、さらには日本発の技術で新たな価値を生み出すことができれば、データセンターは日本の「救世主」となる可能性もあるのです。

データセンターをめぐる議論は、デジタル時代における日本の国土計画や産業政策のあり方を問い直す重要な機会となっています。この機会を活かし、日本の強みを最大限に活かしたデータセンター戦略を構築することで、デジタル社会における日本の新たな成長モデルを示すことができるはずです。

第3章

「デジタル・エネルギー・モビリティ」がもたらす新たな産業革命

新しい産業革命で再編される産業構造

今、起こっている生成ＡＩの電力問題は、実は、電力システムとエネルギーのあり方を根本的に変える新たな産業革命の予兆かもしれません。ここで過去の産業革命の歴史を振り返り、変化の予兆から将来の可能性までに視野を広げて考えてみましょう。

第一次産業革命では、ジェームズ・ワットの蒸気機関が、石炭の燃焼がもたらす熱エネルギーによって、人馬の代わりに動力を供給するようになりました。いわば、社会に機械の力による「筋肉」がもたらされたわけです。第二次産業革命ではトーマス・エジソンやニコラ・テスラらの発明に伴う電気事業の創出により社会の「血管」（電気のネットワーク）がもたらされ、さらにヘンリー・フォードが工場内への電気モーターの分散配置による自動車の大量生産を始めました。このとき、石炭から石油への燃料転換が電気事業と自動車産業、その他の産業の発展を支えたのです。

続く第三次産業革命を情報革命だと捉えると、インターネットやスマートフォンが世の中を大きく変えました。これらは社会の「神経系」であることは言うまでもありません。

その間に非化石エネルギーである原子力や再生可能エネルギーが普及し始めました。そしてビッグデータ×AIによる第四次産業革命がまさに始まろうとしていますが、インターネットがさらに高度に発達した「脳神経系」の拡張であるといえるでしょう。

その次の第五次産業革命あるいはSociety 5.0（政府が提唱したビジョンで、先端技術で現実空間と仮想空間を融合し、経済発展と社会課題解決を両立する人間中心の未来社会の実現を目指す）は、これらすべてが統合された社会、すなわち人体の筋肉、血管、神経が拡張され、それらが脱炭素化されたエネルギーによって駆動される社会になると考えられます。

すべての要素が統合されることで、第五次産業革命／Society 5.0は、「より少ないものから、より多くを生み出す」という原則にしたがい、人類の能力を大きく拡張し、同時に地球環境との調和を実現する可能性を秘めています。

しかし、この発展には技術的課題だけでなく、倫理的、社会的、経済的な多くの課題も伴います。特に重要な点は、この新たな社会システムが真に持続可能で、人間中心に設計され、すべての人々に恩恵をもたらすものでなければならないということです。

技術の発展が人間性を損なうことなく、むしろ人間の創造性や個性を引き出し、社会の多様性を豊かにするものという考え方が重要になります。以下ではこれから始まる次の産業革命の姿をエネルギー、電力という切り口から垣間見てみたいと思います。

カンブリア爆発前夜の電脳モビリティ

１００年以上の間、電力産業と自動車産業はともに大きな発展をとげてきました。しかし、カーボンニュートラルに向かう世界の流れや技術進歩が、今や２つの産業のあり方を大きく揺り動かしています。

従来の自動車は、内燃機関と４つのタイヤというシンプルな構造に縛られ、その運動能力には自ずと限界がありました。しかし、モーターをホイールに組み込むことで、あたかも多細胞生物のように各部が独立して機能するインテリジェントハードウエアとしての次世代のモビリティが現れてくると筆者は予想しています。

ここではモビリティのためのインテリジェントハードウエアを「電脳モビリティ」（Cybernetic Mobility）と呼ぶことにしましょう。電脳モビリティは小型化しても高性能なモーターを活用することで、第二次産業革命時に工場内に生じた動力の分散化と同じ変化を引き起こします。

図4 クルマから電脳モビリティへの変容

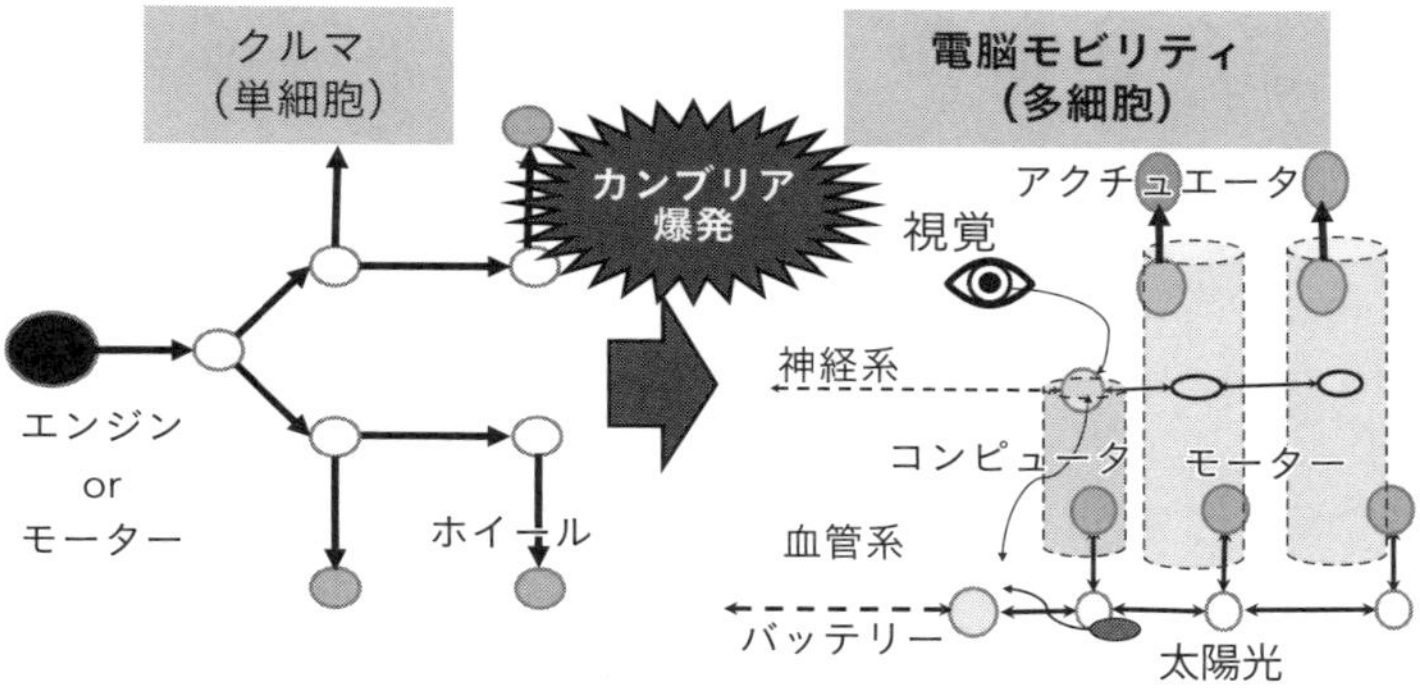

出所：筆者(岡本)作成

図4に示したように、電脳モビリティはそのボディに電気のネットワーク（血管）、通信ネットワークとコンピュータ（神経）、アクチュエータ（筋肉）を備え、あたかも生命体のような構造を持ちます。流通サービス業のサービスロボット、工場内の生産を自動化するロボットだけでなく、すでにボストンダイナミクス（Boston Dynamics）社などのイヌ型ロボットが現場作業に活躍し始め、テスラ（Tesla）が高度なヒューマノイド（ヒト型ロボット）の実用化を進めています。

動力の分散により、電脳モビリティは環境や用途に合わせて最適な形状をとることが可能です。電動一輪車や二輪車、クローラ機構、さらには飛行用プロペラを備えたドローンなど、生物の形をした多様なモビリティが実現可能となり、私たちのロボットに対する固定観念を覆すでしょう。それは5億年前のカンブリア紀に、多様な生物種が爆発的に出現した「カンブリア爆発」にも匹敵する、ロボット／モビリティにおける革命的な進化です。

ちなみに、カンブリア爆発とは、約5億4000万年前から5億年前の間に起こった、生物の多様性が急激に増加した現象を指します。この時期に、現在見られる動物の祖の多くが突如として出現し、海洋生態系が劇的に変化しました。わずか数千万年という地質学的に短い期間で、生物の形態や生態が爆発的に多様化したことから、この名称で呼ばれています。

モビリティの目的に合わせて、自然界、すなわち陸・海・空で暮らす生物が持つ極めて高い省エネルギー性能と運動能力が模倣されることになると考えられます。

このような模倣はバイオミミクリーと呼ばれています。

バイオミミクリーは、「生物」を意味するbio《バイオ》と「模倣」を意味するmimicry《ミミクリー》を組み合わせた言葉です。１９９７年にジャニン・ベニュスが提唱した概念で、生物が38億年の進化の過程で獲得した構造や仕組み、プロセスを科学的に理解し、人類の課題解決に活かすアプローチを指します。例えば、新幹線の先頭形状がカワセミのくちばしを参考にしたことや、蓮の葉の自己洗浄機能を応用した建材の開発など、多くの技術革新に活用されています。

生物を模倣した次世代の電脳モビリティは、高度なシステム統合により、完全自動運転を実現し、周囲の環境を正確に認識しながら、他のモビリティや歩行者などとの安全な距離を保ち、最適なルートで目的地へと向かうことができます。

電脳モビリティの群れと共生する社会へ

日本社会が直面する深刻な人口減少と労働力不足という課題に対し、電脳モビリティは複数で、同時並行で、「群れ」として機能することで、その解決に貢献する可能性を秘めています。工場や物流現場での自動搬送、農場での収穫作業の自動化、建設現場での資材運搬など、これまで人手に頼っていた作業を電脳モビリティが担うことで、生産性の向上と労働力不足の解消が期待できます。

進化を続ける電脳モビリティは従来の道路インフラに依存しない移動手段を提供します。歩行型電脳モビリティは狭い路地や階段をスムーズに移動し、飛行型電脳モビリティは山間部や離島へのアクセスを容易にします。クローラ走行型電脳モビリティは、災害時の救助活動やインフラ点検など、過酷な環境下での活躍が期待できます。

このように、電脳モビリティは既存の道路インフラへの依存度を下げたり、より柔軟で効率的な社会インフラの構築に結果的に貢献したりといった可能性が考えられます。人口減少の中で維持コストが大きく負担となっている道路インフラの縮小に役立つ可能性もあります。

電脳モビリティの群れは、指揮者がオーケストラを率いるように、複数の電脳モビリティを協調制御する「オーケストレーション技術」によって実現されます。この技術により、物流用モビリティの隊列走行による輸送効率の向上、地方における鉄道やバスの代替による交通サービスの維持、農業における収穫や選別作業の自動化による生産性向上など、さまざまな分野での応用が期待できると考えられます。

デジタル×エネルギー×モビリティの融合とUtility 3.0

さて、これらの電脳モビリティが真価を発揮し、社会に浸透するためには、バッテリーや半導体の技術革新に加え、先述の「ワット・ビット連携」すなわち「電力グリッド（システム）」と「デジタルインフラ」の有機的な連携が不可欠となります。

この連携は、人体における血管と神経の関係に例えることができ、脱炭素化されたエネルギーを余すことなく供給し、膨大な情報を瞬時に伝達する役割を担います。電脳モビリティは電力グリッドやデジタルインフラと直接的あるいは間接的に接続されることで、自由に動き回ることが可能になります。

例えば電力グリッド内の充電器と接続して、搭載しているバッテリーへの充電を行い、場合によっては放電を行うこともできます。交換式バッテリー方式のモビリティであれば、グリッド内の交換式蓄電池の充電ステーションで充電されたバッテリーを装填することで走り続けることもできます。

例えば平常時に再生可能エネルギーの電気が豊富な場所でフルに充電すれば、効率的にエネルギーを活用できます。加えて非常時に配電系統が被害を受けた場合などに、電脳モビリティが駆けつけることができれば（もしくは飛んで行ければ）、電気を届けることができます。このように考えると、電脳モビリティはエネルギーシステムに組み込まれており、モビリティとエネルギーは融合していくということがイメージできます。

電脳モビリティが常時、情報をやり取りするためには高速のモバイル通信が必要です。ＵｂｅｒやＧｏのような互いの位置情報の共有が求められるモビリティ用アプリは、電脳モビリティという次世代モビリティのデジタルプラットフォームの前提のような存在でもあります。こうしてモビリティはエネルギーと同様に、デジタルネットワークとの間でも相互補完性が成り立ちます。

それだけではありません。電脳モビリティは、カメラを使った警備サービスの提供やイ

図5　将来の統合型ネットワークインフラ

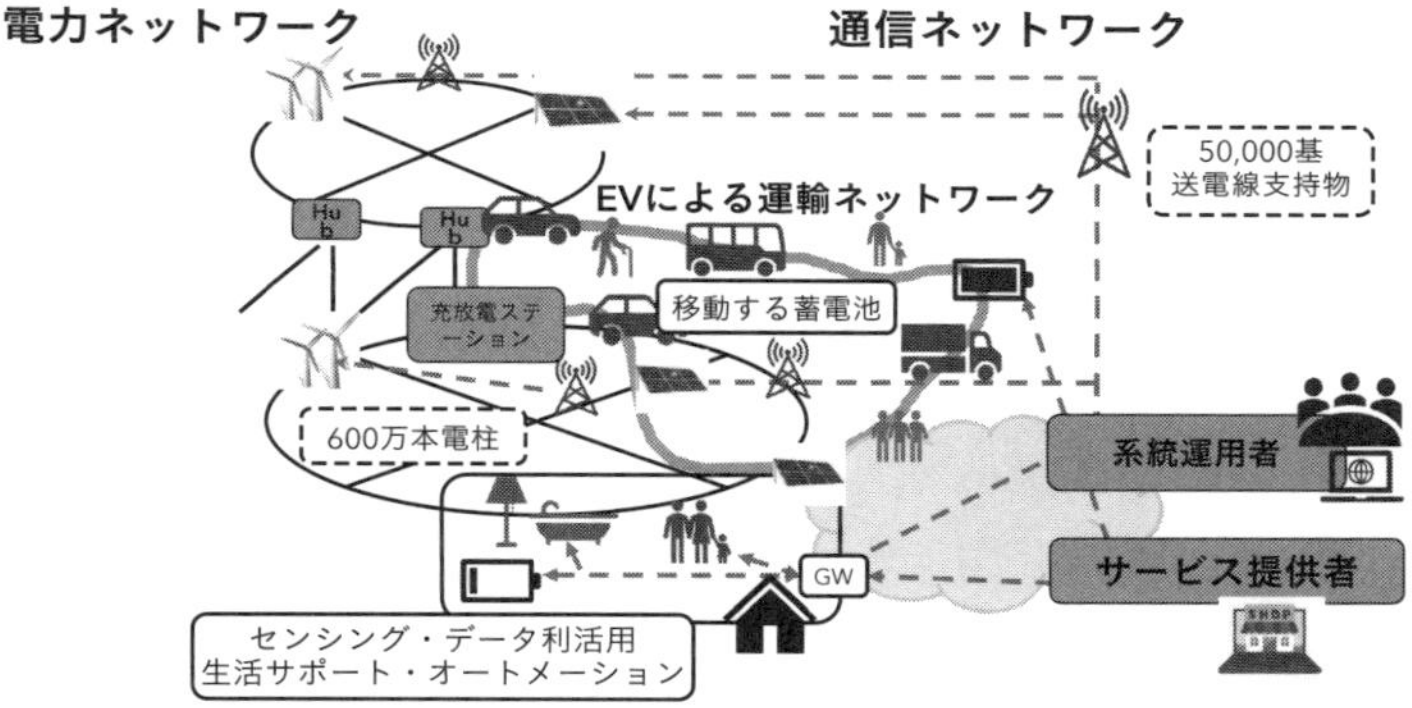

出所：筆者（岡本）作成

ンフラの自動点検など視覚的な用途で活用されます。停車中には自動運転用の高性能コンピュータを使ったサービスを提供可能であり、Society 5.0のデジタルプラットフォームの一部を構成することになります。

生成AIを含むデジタルインフラと電力システムの相互補完性については、すでに言を俟《ま》たないところでしょう。以上の考察より、デジタル・エネルギー・モビリティの3つのネットワークインフラそのものが相互に補完し合い、融合していくことが想像できます（95ページの図5）。

筆者の岡本はこの融合によって生まれてくる、地域の社会インフラを総合的に担う未来の公益事業者（Utility Company）と新しい公益事業をUtility 3.0と呼び、竹内純子さんらと書籍『エネルギー産業の2050年 Utility3.0へのゲームチェンジ』で提唱しています。

電脳モビリティはヒトやモノを移動させる手段を提供するだけでなく、平常時・非常時にエネルギーを運ぶ役割も担い、視覚とコンピューティング能力を活かしてインフラ点検を行い、まちの見回り警備もできます。このようなAIを含むデジタル・エネルギー・モビリティの融合が進むと、今までの縦割りの産業構造がもはや何ら意味を持たないことが理解できるでしょう。

電脳モビリティを中心とした新しい産業革命の姿が見えてきました。しかし、そこには、本書で触れてきた生成AIのエネルギー問題と需要増とそれへの対策という課題があることも予想されるでしょう。

したがって、この革新的な変革を実現するためには、社会全体のシステムを再設計する必要があるのです。

AIと電力システムを融合する——Utility 3.0の社会実装

電脳モビリティなどのインテリジェントハードウエアを核とした産業革命を実現するためには、社会全体を支える新しいプラットフォームが欠かせません。そこで筆者の岡本が提案するのが、AIと電力システムを融合させた「MESH構想」（後述）です。

岡本が仲間とともに先述の「Utility 3.0」という概念を提唱した2017年時点において、デジタル・エネルギー・モビリティの融合の実現は、2050年頃のことだと想定していました。

しかし、その後の生成AIの急速な進化と分散型エネルギーの普及促進により、実現が大幅に前倒しとなる可能性があると感じています。そして、本書のテーマにも連なりますが、カギを握るのがＡＩと電力システムの融合なのです。

ＡＩと電力システムを効率的に融合し、「より少ないものから、より多くを生み出す（モアフロムレス）」を実現するには何が必要か。

実は人間の心身こそがそのモデルになるとわかってきました。人体は大雑把に言うと酸素とエネルギーの循環に不可欠な血管、情報処理と伝達や心の働きをつかさどる神経、身体や臓器を動かす筋肉から成り立っています。

社会のさまざまな電脳モビリティをモバイルネットワークで駆動する「サイバー・フィジカル融合」ともいうべき状況を人体に置き換えれば、心身の統一あるいは心身一如《いちにょ》ということに対応します。人間の身体において重要な役割を果たすのは血管です。そして社会において電力システムは、心臓・肺・血管と同様の役割を果たしています。

興味深い事実をもう1つ指摘しておきましょう。

私たちが生きていくには、酸素、水、栄養が必要です。

しかし人間は、食物をとらなくても水分さえ補給できれば、3週間ほど生き延びることができると言われています。体内に蓄えられた脂肪や糖質（固体）を分解してエネルギーを得ることができるためです。一方、水分を補給できなければ数日しか生きていけません。体内の60%がすでに水分であり、これ以上の液体の貯蔵は困難です。

しかし、最も貯蔵が困難なのは人体内のエネルギー生成に不可欠な酸素です。酸素の欠乏は即座に脳を停止させ、生存を脅かす深刻な事態を招きます。酸素は気体であり、ヘモグロビンに結合するなどしてごく少量は貯蔵されますが、体外からの継続的な酸素供給に依存せざるを得ないのです。

人間にとっての酸素は、電力システムにおける電気の貯蔵の困難さとも符合していま す。私たちの社会は絶えざる電力供給、すなわちエレクトロンの供給に依存しているのです。まさに電力グリッドは社会の血管であり、エレクトロンは社会のヘモグロビンにあたると言えるでしょう。

ヒトのような脊椎動物は、血管や神経のネットワークを身体の隅々にまで発達させることによって高度で複雑な機能を獲得し、他の生物と比べ、その情報処理によって圧倒的な優位性を持っていることが知られています。

神経と血管という人体内の2つのネットワークが形成されるとき、その構造のパターンは決してランダムではなく、一定の法則にしたがっています。さらに、両ネットワークの間には、密接な相互作用（「神経・血管ワイヤリング」）が存在することが明らかになってきました（101ページの図6）。

従来、血管研究と神経研究は、それぞれ「異なる学問領域」として別々に発展してきましたが（ワットの世界〈電気事業〉とビットの世界〈電気通信事業〉がそれぞれ別々に巨大な産業領域として発展してきたことと似ている）、最近の日本の医学・生物科学研究では、両分野の学際的な検討を通して、血管と神経が密着して形成されていくメカニズムや、相互作用を及ぼすことで人体の恒常性（ホメオスタシス）調節が行われていることが解明されつつあります。

この相互作用を社会に置き換えてみれば、神経にあたるデジタルインフラと、血管にあたる電力グリッドを密着して形成し、その密着性を活用して互いに影響を及ぼし合うように設計することがサイバー・フィジカル融合のカギを握ると考えられます。人体をサイバー・フィジカル融合社会実現のモデルにするのです。

ここでは、デジタルインフラと電力グリッドの相互補完関係について、本書で繰り返してきた「ワット・ビット連携」の2つの具体例で考えてみましょう。

すでに述べたように、大規模なデータセンターが急増し、デジタルインフラのエネルギー消費が急激に拡大しつつあります。電力ケーブルと光ファイバーには実は相互補完性があり、103ページの図7に示したように再生可能エネルギーが豊富な地域から都市近傍のデータセンターに電力を送ること（図7上）と、データセンターを再生可能エネルギーの豊富な地域に立地して、消費者の多い都市近傍と光ファイバーを敷設すること（図7下）

図6　神経・血管ワイヤリング

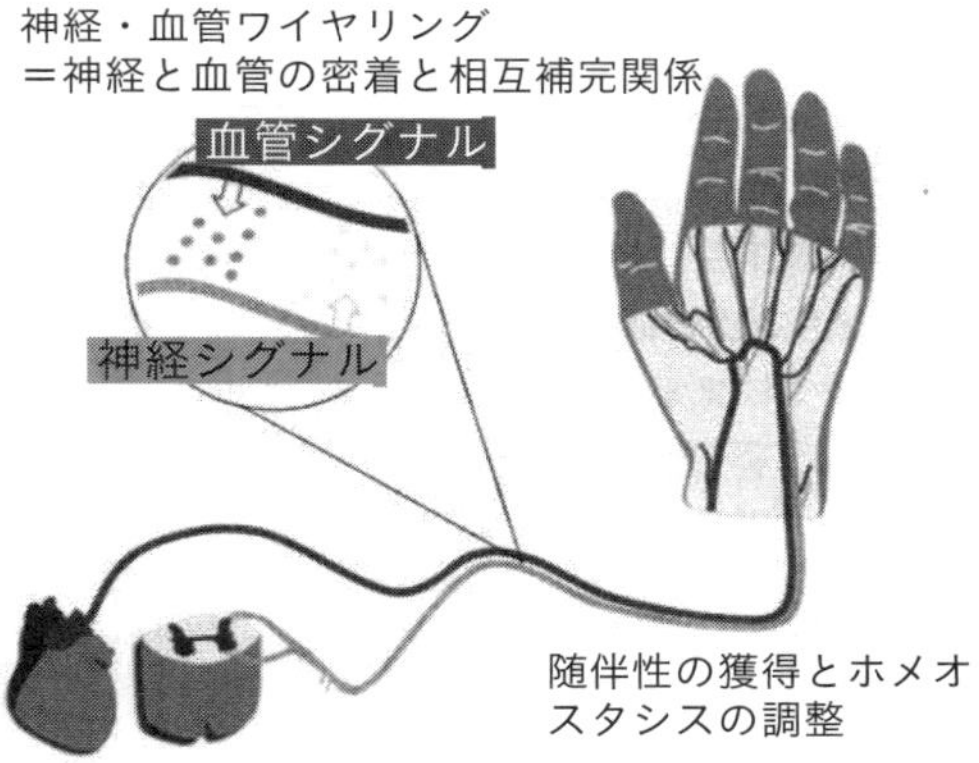

出所：『血管医学』(2013)

は、信号伝送の遅延が若干増える以外には便益面からほぼ等しくなります。

その際、インフラ配備・維持のコストは先述した通り100倍ほど後者が有利で構築も容易となります。もし再エネの豊富な国にデータセンターを立地して光ファイバーを国際連系すれば、等価的にカーボンニュートラルな電力を輸入するのと同じ効果があります。

また、変電所にエッジサーバーを設置して高速モバイル通信（5Gなど）の基地局機能を持たせることで、電柱やその他の機器などにアンテナを設置すれば、それぞれの機器にはすでに電線と光ファイバーが接続されているため、地域の高速モバイル通信網を構築しやすくなると考えられます（図8）。現在、注目を集めているAI-RAN（AIにより自動的に最適化される無線アクセス通信ネットワーク）の技術を活用して、その運用を高度化・最適化することも考えられます。

さらにクラウドコンピューティングによって地域の太陽光発電を有効活用することもできるようになります。天候に応じて、例えば、演算処理を行うサーバーを、曇り始めた地域のサーバーから、晴れている地域のサーバーへとシフトすることで、電力負荷を空間移動させることができます。生成AIの学習も、同様に前倒しにするなどして電力消費が多くなる時間をシフトすることが可能です。

先述したように、再生可能エネルギーの増加によって、電力供給は電力消費の少ない

図7 デジタルインフラ×電力グリッドの一次元モデル

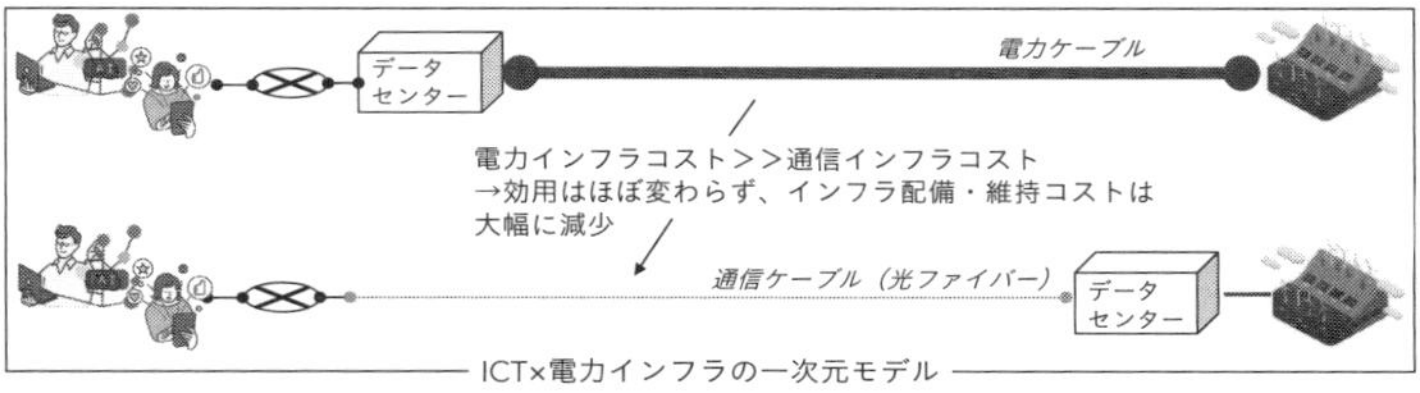

出所：東京電力パワーグリット、「内閣府GX2040リーダーズパネル」資料

図8 デジタルインフラと電力グリッドの密着

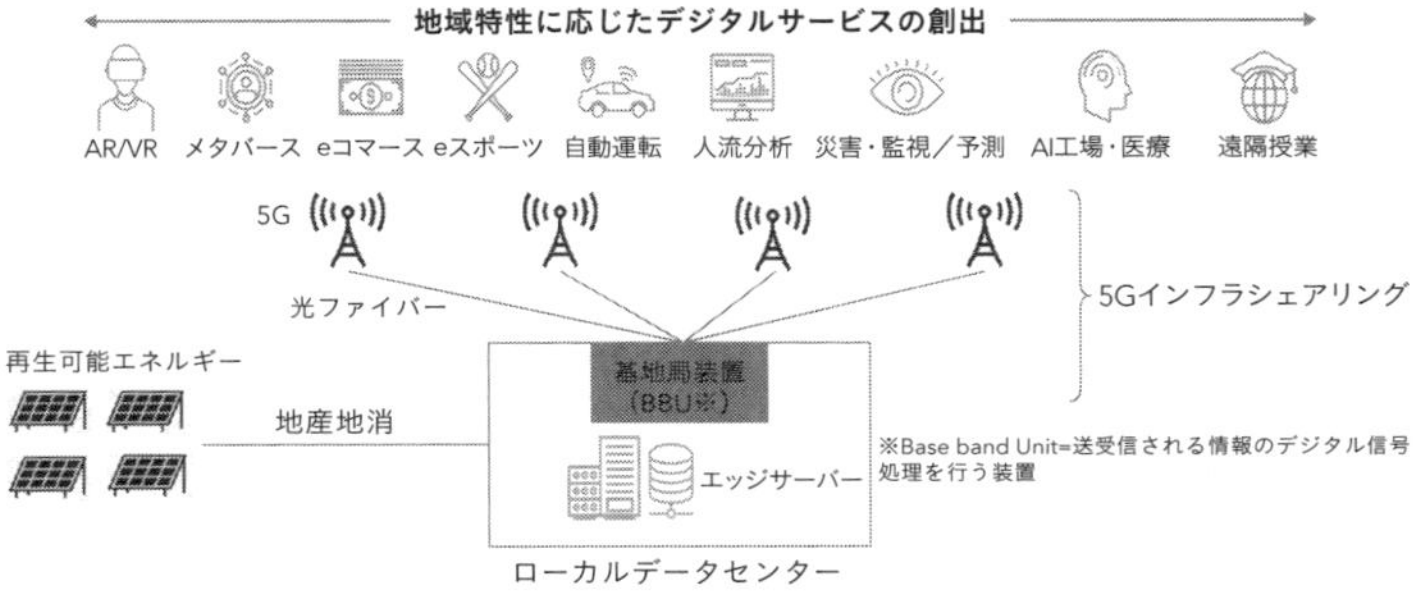

出所：東京電力パワーグリット、「デジタル田園都市国家構想実現会議」資料

春・秋には余剰に、冷暖房需要が大きくなる夏・冬には不足になります。このため、AIの学習も夏・冬は控えめにして、春・秋に強化することにすれば、年間を通じた電力需給を平準化する効果があります。人間の学生が夏休み・冬休みをとるように、AIも暑い季節、寒い季節は学習をほどほどにして、季節の良い春・秋に頑張ることにすればいいので、「AI学生の夏休み・冬休み」ということもできるでしょう。

ワット・ビット連携に沿って、コンピュータ（半導体）によって電力をデジタル価値（AIの場合はサイバー空間上の知恵）に変換し、つくられたデジタル価値をサイバー空間上に蓄えることができるわけです。これを季節や空間をまたいで貯蔵が可能な「地球規模の仮想蓄電池」であるとみなすことができます。

それにより、エネルギー消費の時間と空間のシフトを起こすことにつながるのです。

先述の通り、東電PGの子会社であるアジャイルエナジーX社は再生可能エネルギーを活用した分散コンピューティングの事業化に取り組んでいます。すでに栃木県の那須塩原市でコンテナ式の分散型コンピュータを利用して、ビットコインマイニングを行うことで余剰電力をデジタル価値に変換し、電力グリッドの混雑緩和が可能であることを実証しています。それは、電力グリッドが混雑して電気で送れないならば、その場所でビットコインに変えてインターネットで送るということでもあります。

MESH構想がもたらすモビリティ革命

繰り返しになりますが、電力グリッドと通信ネットワークには強い相互補完関係があるからこそワット・ビット連携も可能となります。電力グリッドとデジタルインフラ、すなわち社会の血管と神経が織りなすメッシュ上の複合ネットワークを、筆者らはMESH（Machine-learning Energy System Holistic）と呼んでいます。

さまざまな電脳モビリティは、MESH上を自動的に動き回り、それら自体がMESHに統合されていきます。このため、電力グリッドとデジタルインフラの織りなすMESHを活用することで、あらゆる場所で電脳モビリティに対するさまざまなサービスが可能になります。

具体的な事例イメージを紹介しましょう。

将来のサイバー・フィジカル空間の全体像を描くと107ページの図9のような三層構造の空間となります。上位のサイバー空間と電力グリッドの二層がMESHを構成し、下位にあるフィジカル空間上を動くモビリティを支えることになります。

図9において、サイバー空間は人体の脳・神経に、フィジカル空間は人体の筋肉に相当

しています。またサイバー・フィジカル両方の空間に脱炭素化されたエネルギーを供給するために、電力グリッドが必要となります。サイバー空間の活動は時間や空間の制約にあまり縛られないため、デジタルインフラの電力消費を時間と場所を超えて時空シフトするワークロードの切り替えが可能です。これによって、再生可能エネルギーと電力消費の時間・空間のギャップを緩和することができます。

下位層のフィジカル空間上を自律的に動き回る電脳モビリティは、ヒトやモノを運ぶという意味ではモビリティですが、同時にフィジカル空間を動き回る分散型バッテリーであり分散型コンピュータでもあると捉えることができます。血液と神経のように密着して機能するのです。

サイバー空間のエネルギー消費ほど瞬時にシフトできるような自由度はありませんが、電脳モビリティの移動するバッテリーによりローカルな太陽光発電などをうまく活用することができるでしょう。さらにモビリティとして稼働していないときは、分散型バッテリーや分散型コンピュータとして、地域社会に貢献することができます。

図9　MESHが実現するサイバー・フィジカル融合

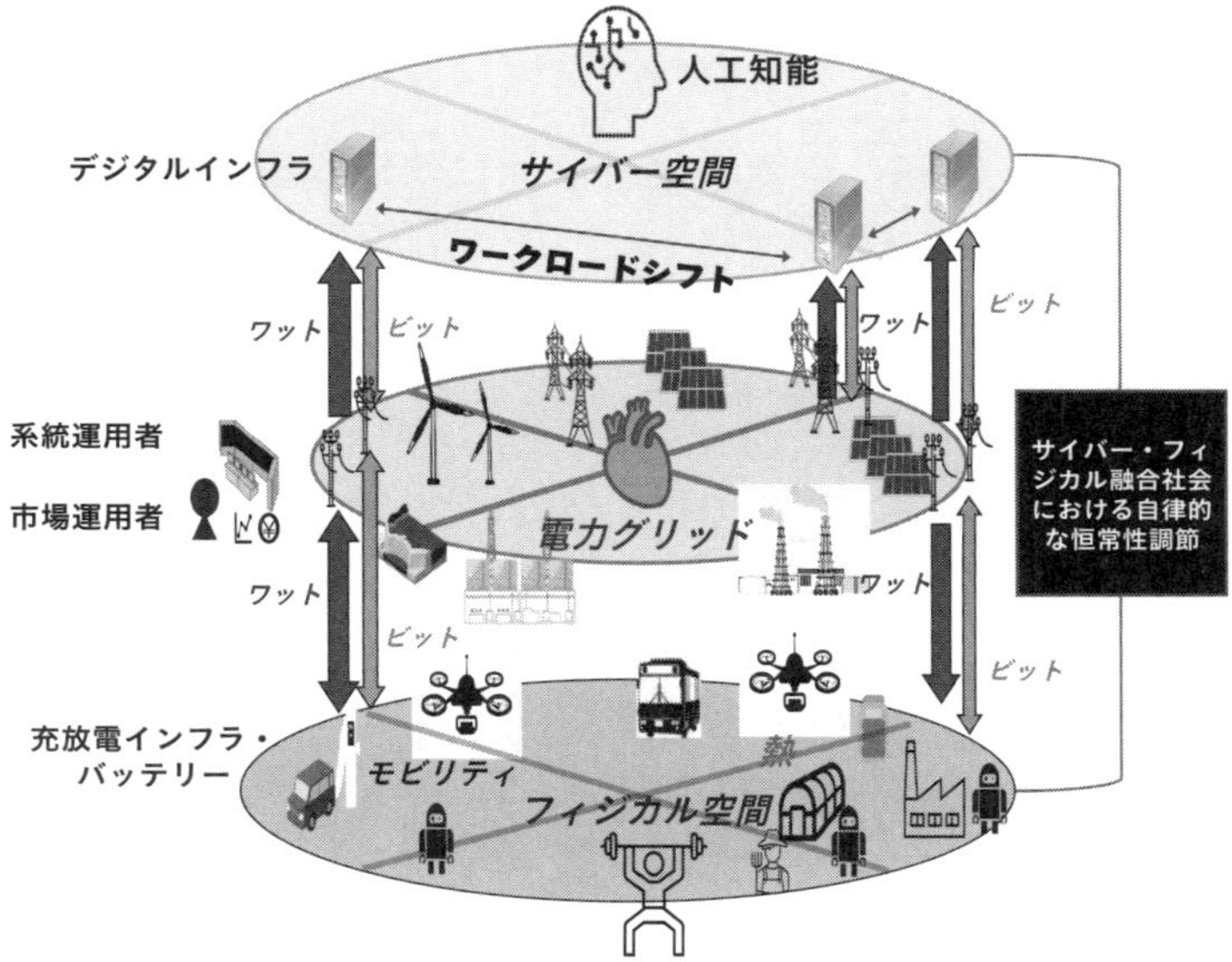

出所：東京電力パワーグリッド、「内閣府GX2040リーダーズパネル」資料

リアルな生活と産業の行動変容
——カギを握るグリッドのオンとオフ

ＭＥＳＨ構想を具体的に実装していくためには、まず身近な場所での実証が重要です。ここでは、一般家庭におけるエネルギーマネジメントの実例を通じて、その可能性と課題を探ってみましょう。

先ほどサイバー空間の電力消費は、時間と空間を超えてフレキシブルに調整可能であると述べました。限られた資源を無駄なく活用するためには、これからはフィジカル空間でもフレキシブルな電力消費へのシフトが不可避です。

第2章でも触れましたが、それは、「電力（ワット）ではなく情報（ビット）を運ぶ」ことにより、供給に合わせて需要側を調整する社会へ転換を図るということです。そのためには利用者、ユーザーの電力消費をデータドリブンに変える必要があり、そのための行動変容をどのように実現できるかが肝となります。

しかし、その行動変容をどうやって起こせばいいのでしょうか。

フィジカル空間でエネルギーを消費しているということは、背後にそのエネルギーが支えるリアルなユーザーの生活や産業活動があることを意味しますから、この行動変容はサイバー空間ほど簡単にはいきそうもありません。本当にできるのか実際に小規模な実証から検証を進めることが不可欠です。

ここでは、具体事例を通して考えていきます。わが家である岡本家の電力事情を例に見てみましょう。

岡本家では大気熱を活用したヒートポンプによる給湯装置であるエコキュートの最新式の「おひさまエコキュート」とEVを電力機器として利用しています。この機種は本来、太陽光発電を持つ家庭向けの製品ですが、屋根の点検・補修のタイミングでいずれ太陽光発電を導入したいと考えて最新式に更新したのです。

おひさまエコキュートはインターネット接続され、天気予報と連動しています。エコキュートが設置されている地域のローカルな天気予報を踏まえ、翌日の昼間が晴天になるなら、夜間の湯沸かしを止めて、太陽光発電が期待できる昼間に湯を沸かすようシフトする仕組みになっています。

再生可能エネルギーの固定価格買取制度（FIT）による買取期間が終了した太陽光発電を持つ家庭では、太陽光発電を自家消費すればするほど得になります。この機能を使えば太陽光で湯沸かしができるという（その際電気代はタダ）経済的なメリットがあります。

ところがまだ太陽光発電のない岡本家では、このモードをオンにしておくと、夜間の安い電気ではなく昼間の高い電気でお湯を沸かすことになるので、残念ながらこのモードをオフにしています。しかし、本当は第1章で触れたように、春と秋には晴天日の昼間の電気が全国的に余っており揚水発電をポンプアップしていますから、太陽光発電のない岡本家でもこのモードをオンにして使うと、約1・3キロワット程度の需要が昼間にシフトされることになります。

現在、エコキュートは全国で毎年70万台出荷されていますので、それだけで年間に90万キロワット分（揚水発電所1カ所分）の需給調整力が生み出されることになります。日本全体の揚水発電の設備容量合計は21・9ギガワット（2020年度末）となっており、毎年90万キロワット（0・9ギガワット）の増加は毎年4％ずつ揚水発電が増えるのと同じ効果があるとわかります。最新の揚水発電である可変速式揚水でも効率はたかだか80％程度で、電力をいったん貯めて使うのに20％以上の損失が生じますから、このようにすぐお湯にして使ってしまうほうがエネルギー効率上もメリットがあります。

もう1つ、岡本家にはEVという最大の電気製品があります。自宅で充電する場合は200Vのコンセントを使って3キロワットで充電できます。バッテリー容量は66キロワット時ですので、もしバッテリーを空《から》にしてしまえば満タンまではほぼ1日かかる計算ですが、毎日100キロメートル走っても電気を15キロワット時ほどしか使わないので5時間で満タンになります。

113ページの図10に岡本家の1日の電気の使用状況を示しています。まず、夜間の安い電気を使ってEVの充電が行われていることがわかります。EVのタイマーでそのようにセットしてあるのです。その後のタイミングでエコキュートが稼働して夜間に湯を沸かします。

いつもこうならば問題ないのですが、冬になると湯の使用が増えること、外気温が下がってエコキュートの効率が若干下がることが重なるので、湯沸かし時間が長くなります。するとエコキュートとEVの充電のタイミングが重なるので、その間の電力消費が一時的に大きくなります。

岡本家での契約アンペア数は60Aですが、これまで、エコキュートとEVの3キロワットに、ペットの犬たちやハムスターのために夜間もつけっぱなしにしている暖房需要が重なると、60Aを超過することがあり、朝起きるとブレーカーが落ちているという日がひと冬で何度もありました。

そこでEVを夜間に充電するのを諦め、EVのタイマー設定を止めて、コンセントにプラグインするとすぐに充電するモードに切り替えて使うことにしました。しかし、それでも不都合が生じました。冬の寒い週末にEVで買い物に出かけ、夕刻に帰宅してからIHクッキングヒーターで調理を始めると、IHとEV充電と暖房需要が重なって結局、契約アンペア数を超過してしまうのです。

調理時は充電を止めたいのですが、現在はそれぞれの機器が自動で動くので、全体を人間が手動により調節するしかありません。具体的には、スマートフォンのアプリで自宅のスマートメーターの計量値をリアルタイムで確認し、6キロワットに近づいてきたら、車のところまで走っていってコンセントを抜くということです。

これが「岡本家のエネルギーマネジメント」の詳細です。要するに、人間がずっとスマートフォンのアプリを注意し続けていて、あまりに不便ですし、見落としも生じます。結果的にあまりの煩雑さとブレーカーが落ちるのを確実に防ぐため、契約アンペア数を80Aに格上げすることになりました。しかし、図に示したとおり、電気をたくさん使う夏の暑いの1日で、家全体で80A（最大8キロワット）という契約容量に比べると、小さいレベルでしか稼働していないことがわかります。

図10 岡本家の1日の電気の使われ方

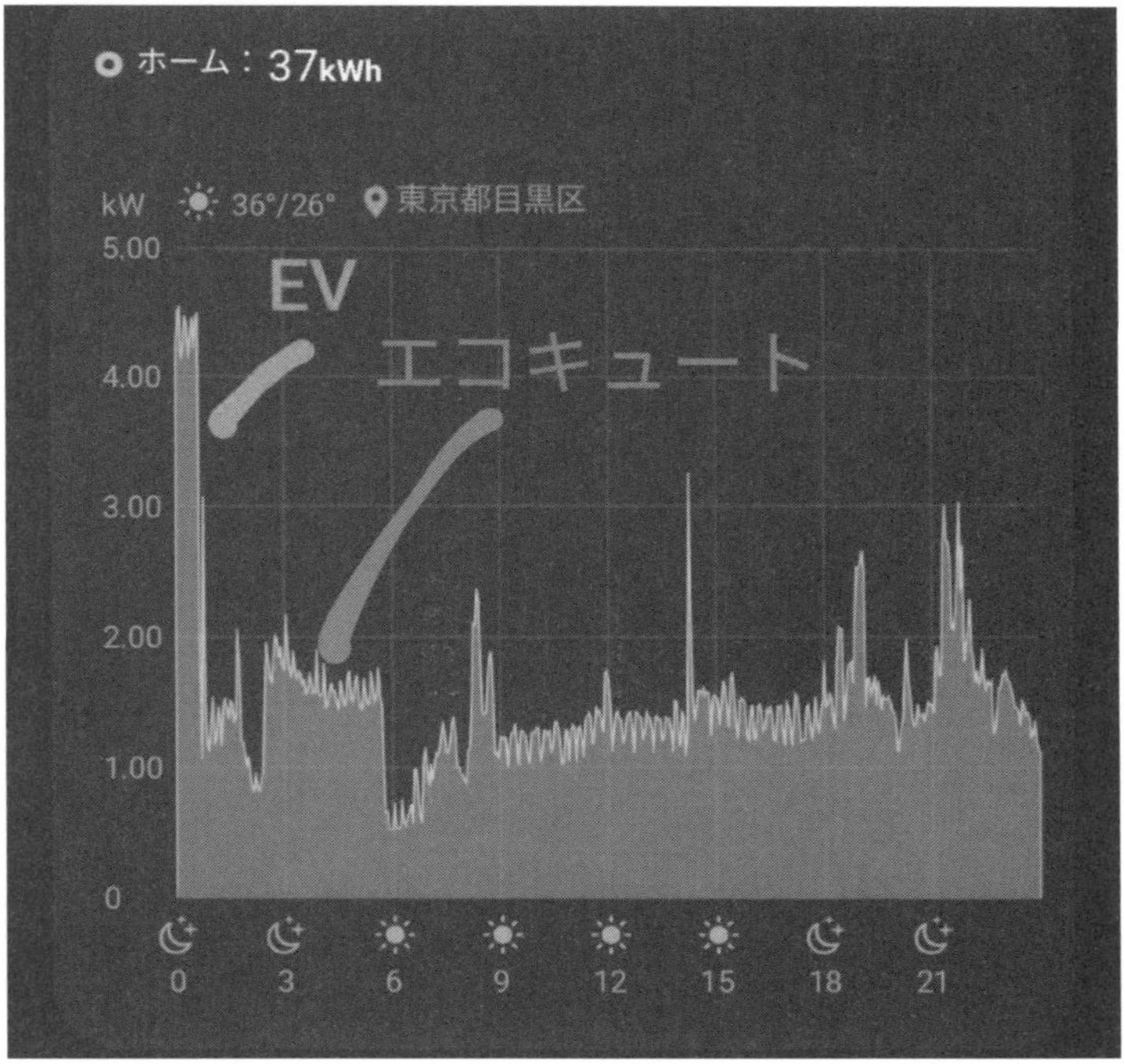

出所：筆者（岡本）提供

行動変容につながる価格誘導と自動化

岡本家のエネルギーマネジメントからは大きく3つの気づきがあります。

おひさまエコキュートの動作原理を調べたことの気づきとして、以下のようなことが考えられます。

エコキュートの理想的な活用方法は、ユーザーが手間をかけずに効率よく発電し、不要な電気は捨てずに売電するというものです。岡本家では残念ながら、それができていませんし、現状のシステムの限界でもあります。しかしMESH空間が現実のものとなり、エコキュートとそのシステムにもAIが導入されれば、状況は激変します。

天気予報＝地域の電気情報となり、分散型エネルギー市場における各所で発電された再生可能エネルギーの売買や機器の制御も自動化され、より効率的なエネルギー利用が可能になります。それにより、ユーザーは電気代を安く抑えながら電力の地産地消を促進することになります。これらの仕組みは、地域の電力需給の安定化にも貢献し、再エネの普及を加速させることが期待されます。

同じことはEVの充電タイミングの調整にも言えます。ただし現在のEVはインターネットの情報と連携して充電するようにはなっていないので、そうした機能を持たせるか、200ボルトのコンセント（もしくはEVが接続された回路の分電盤）に「分散型エネルギー市場の電力価格予報」と連携してスイッチをオン・オフする機能を持たせることが必要になります。

「岡本家のエネルギーマネジメント」からの3つの気づきをまとめるとこうなります。

1 エネルギーマネジメントは自動化しないとユーザーにとって煩雑すぎる

2 総電力使用量をモニタリングしながら機器を統合し自動調整する機能が必要

3 自宅の分電盤で起きたことは、ユーザーに電気を届ける変電所でも起きうる

①と②は、DXの課題にも通じる問題ですが、システムに生成AIが搭載されてAIエージェントが自動的に判断したり、スケジューリングする機能が加わったりすることで解決に近づくと言えます。

③の課題を回避するためには、「分散型エネルギー市場」の活用が求められると考えられます。

分散型エネルギー市場では、まず前日のスポット取引で、市場参加者（アグリゲータや発電・小売事業者）の応札情報、天気予報、電力グリッドの利用状況などの情報を活用して、グリッドの「空き容量」の範囲で売り買いの取引をマッチングさせます。

このマッチングによって、空き容量を最大限活用した取引が可能になります。このとき、混雑の上流側にあるゾーンでは市場価格が下がり、下流側では市場価格が上がります（図11参照）。

例えば翌日の太陽光発電出力が地域で余剰になってそのままでは配電用変電所の容量を超過しそうな場合、その地域Aの市場価格が下がるので、余剰な電気を地産地消しようとするインセンティブが生じます。そこで、エコキュートの湯沸かしやEVの充電などのタイミングや、分散コンピューティングのワークロードがシフトされることで効率よく再生可能エネルギーが使わることになるはずです。

これを小売料金と組み合わせれば、価格の安さに反応して消費を増やす、いわゆる上げデマンドレスポンス（DR）になります。逆に地域Bの電気が足りなくなりそうなときには、市場価格が一時的に上がるので、これらの機器の需要を一時的に少なくしようとするインセンティブが働きます。これは、価格の高さに反応して消費を減らす下げデマンドレスポンス（DR）に相当します。

地域への分散型エネルギー導入が進むにつれて、そのエネルギーを上手に活用する仕組

図11 ネットワークの混雑を考慮したマッチングの仕組み

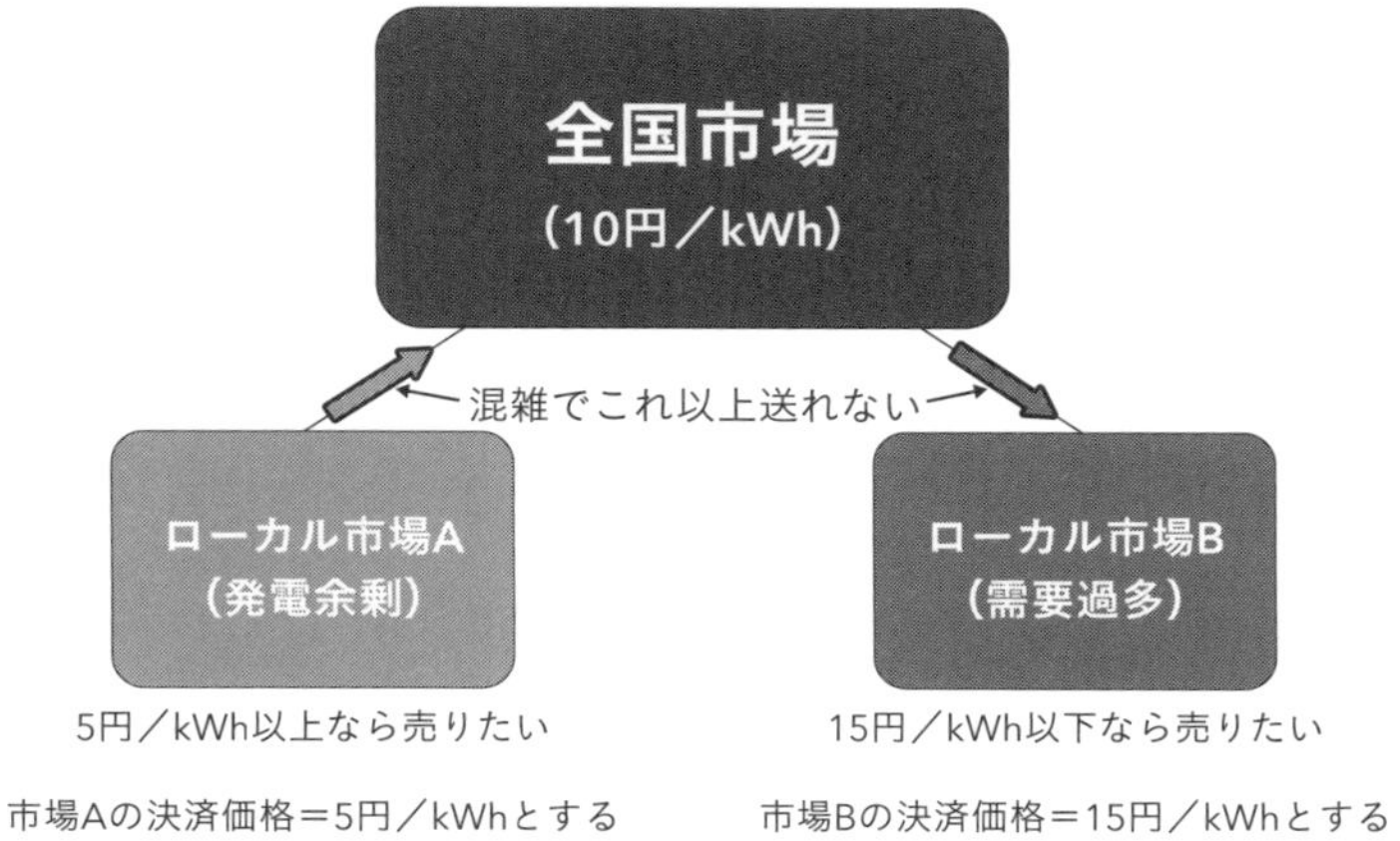

出所：筆者（岡本）作成

みとして分散型エネルギー市場がますます重要になっていきます。特に太陽光発電の集中的な立地が進む地域におけるニーズは高まると思われます。このような市場はまだ世界でも一部で実証されているだけですが、ユーザー参加の早期のトライアルによる迅速でアジャイルな市場設計が欠かせません。

ここまでは主にわが家を例に、家庭での電気の使い方についてご紹介しました。宅内のエネルギーマネジメントはホームエネルギーマネジメントシステム（HEMS）で行われますが、ほぼ同じような仕掛けがどのような産業でも活用できると思われます。

xEMSとは、エネルギー管理システム（Energy Management System）の総称で、特定の領域や用途に応じて頭文字が変わります。工場であれば工場のエネルギーマネジメントシステム（FEMS）、農家では農業用エネルギーマネジメントシステム（AEMS）、オフィスや店舗が入るビルではビルエネルギーマネジメントシステム（BEMS）などを分散型エネルギー市場と連携することで、その地域にある分散型エネルギーを有効に活用できるようになります。

これらすべてのEMSはAIエージェントによって自動化され高度化されていきます。特に産業用のユーザーの場合、価格だけでなくCO_2（二酸化炭素）削減や再エネ利用率も重要な指標になると考えられるため、分散型エネルギー市場はこれらの情報の提供やマッチングも行われるようにする必要があります。

それぞれのシステムは、家庭や産業のオートメーションシステムの一部の機能として組み込まれるようになっていきます。今後、産業のオートメーション化がさらに加速すれば、電気料金の安い春や秋に工場の稼働を上げて、逆に夏や冬には稼働を下げることが経済的だという意思決定が妥当となることも考えられます。

その結果として、春や秋に製品が多めにつくられることになるため、夏や冬に備えて物流上のどこかに倉庫を増設するといった動きも出てくるかもしれません。これら物流上のストレージも、春や秋に生じる余剰電力へのストレージとして有力なソリューションとなります。

家庭レベルでのエネルギーマネジメントから地域のエネルギーマネジメントに至る可能性と課題が見えてきました。では、これを地域全体に広げていくとどのような可能性が生まれるでしょうか。次章では、エネルギーを基点とした新しいまちづくりの姿を探ります。

第4章

地域の課題をAI×エネルギー軸で社会イノベーションに変える

エネルギーからのまちづくり

個々の家庭でのエネルギーマネジメントの知見を地域全体に拡大すると、新しいまちづくりの可能性が見えてきます。そこで、デジタル・エネルギー・モビリティを統合した、これからのまちづくりのビジョンを示しておきたいと思います。

本書の冒頭でも触れたアンドリュー・マカフィーは、デジタル技術が資源の使用量を減らしながら、社会の生み出す価値を高めるという驚くべき事実を明らかにしています。「より少ないものから、より多くを生み出す（モアフロムレス）」という原則は私たちの未来社会の指針となるべきものです。化石燃料・天然資源の使用、二酸化炭素の排出量、そして価値創出に必要となる労働力のすべてを「より少なく」しながら、「より多く」の価値を生み出せることは人類の未来を救うことにつながります。

私たちが注目しているのは、AI・ブロックチェーン、その他のデジタル技術と、社会全体の電化を組み合わせることで、非連続的な生産性向上を実現できる可能性です。つまり、AIと電化による生産性革命こそが日本社会の目標となるはずです。

脱炭素化されたエネルギーもこの目標のために活用していきたいものです。

もう少し具体的に言えば、地域における課題（例えば農業など地域における仕事の担い手の減少、移動の足の不足など）を解決し、その地域ならではの価値を創出することを起点に考え、そのためにデジタルテクノロジーや脱炭素化されたエネルギー（特に地域にあるエネルギー源を有効に活用する分散型エネルギー）をうまく活用する方策を考えるべきなのです。

それは、単に空いている土地にメガソーラーを設置すればよいという話とは次元の異なる話です。これからは、地域の価値を最大に高めるための「デジタル・エネルギー・モビリティをベースにしたまちづくり」が重要になっていきます。

自動運転モビリティのオペレーションとエネルギーマネジメント

まず、どの地域でも深刻さを増している交通弱者の解消策から考えてみましょう。運転手が足りない中で、路線バスの稼働率も上がらないため、地域の公共交通機関が成り立ちにくくなっています。本来は路線バスよりも小型のモビリティを使って車両の稼働率を上げることが1つのソリューションとなりますが、人間が運転する場合には車両数を増やせば運転手が足りなくなるので、自動運転を組み合わせなければなりません。

したがって、バスでもタクシーでもない、よりパーソナルな小型化された電脳モビリティを地域の交通の足として有効活用できるとしたらどうでしょうか。小型電脳モビリティの稼働率を高めるために、ハブ＆スポーク型の仕組みとし、いったんモビリティハブとなる停留所で降車してから、別の方向に向かうための自動運転モビリティに乗り換えてもらうといった方策も考えられます。

このモビリティハブに充電ステーションを整備し、交換式バッテリーの充電場所として活用することも考えられます。モビリティハブでは地域の再生可能エネルギーを有効に活用しますのでエネルギーハブにもなります。さらにそこには情報が集まるためデータハブとしても機能します。

デジタル・エネルギー・モビリティのハブには必ず人が集まるので、人と人が出会う場所としてにぎわいをつくり出すことができ、ここに医療機関の出先拠点や店舗を設置するなど小型の医療・ショッピングモール化することで地域の厚生を向上しながら、経済性も成り立ちやすくすることができます。さらに災害が起きたときでも、このハブにはエネルギーと情報がありますから、避難拠点とすることもできます。

ここではMESH構想を活用して、図12のような自動運転モビリティのオーケストレーションサービスを考えることもできます（次ページのⓐ～ⓒは図中と連動）。

図12　自動運転モビリティのオーケストレーション

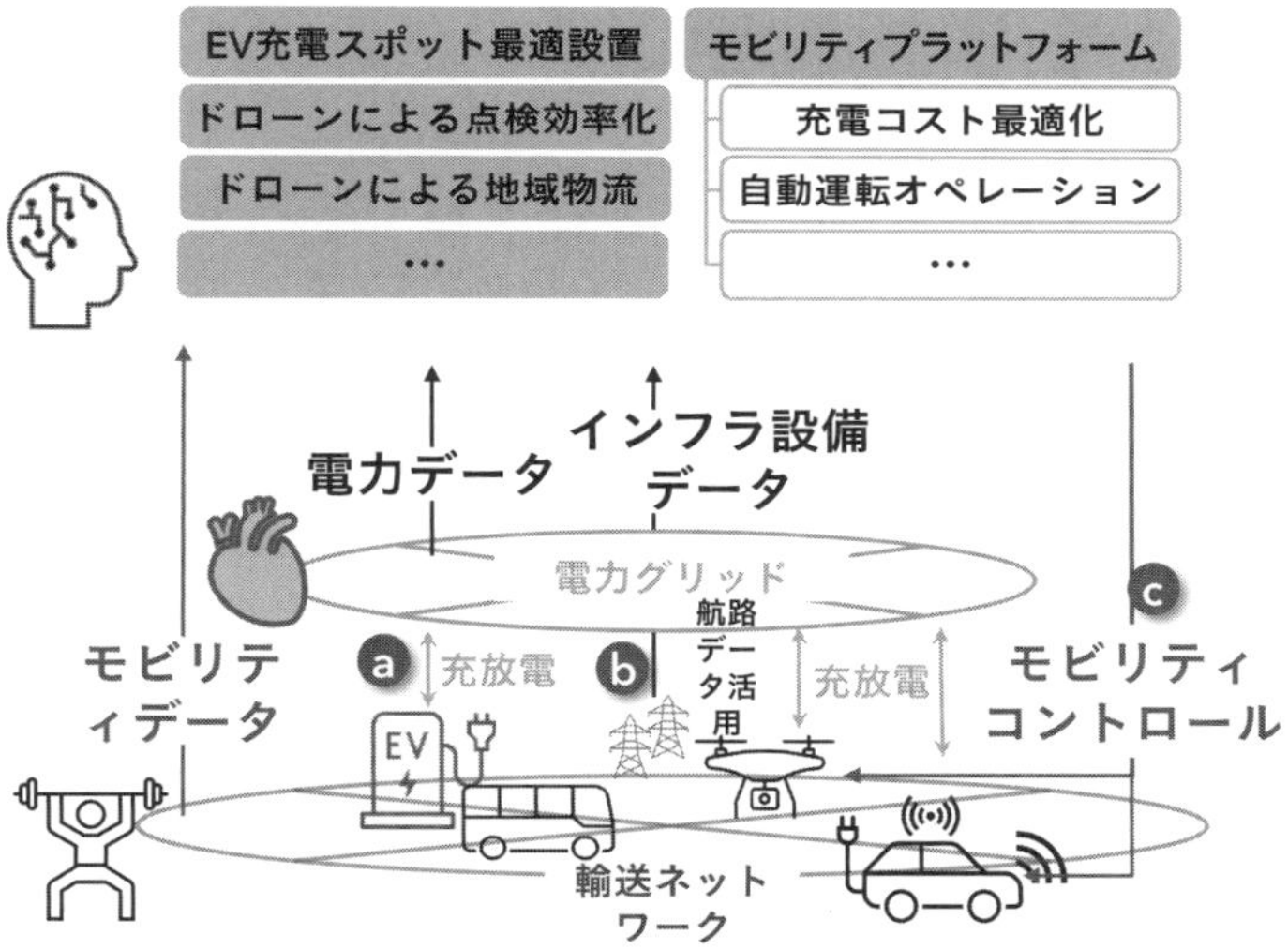

出所：東京電力パワーグリット、「内閣府GX2040リーダーズパネル」資料

ⓐ 電力グリッドとEVを含む分散型エネルギー資源の連携

分散型エネルギー市場などの価格シグナルを統合することで、自動運転の電脳モビリティと充電スポットの充放電を制御し、グリッドを安定させながら充電コストを最適化することができる。

ⓑ インフラ設備データを活用したドローン航路整備

クラウド上のインフラのデジタルツインを使って、効率的なインフラ点検と地域物流のためにドローンのルートを最適化することができる。

ⓒ 電力グリッドと連携した自動運転・自動運航の一括コントロール

各要素を組み合わせることで、充電コストを最適化し、モビリティデータをクラウド上に蓄積するモビリティプラットフォームを構築し、都市部や農村部の開発に役立てることができる。

このようなサービスを構想する上で重要となるのがデジタルツインという考え方です。デジタルツインとは、現実世界のモノや環境をコンピュータ内にそっくりそのまま仮想的に再現したものです。例えば、自動車や建物、さらには都市全体のデジタルツインをつくることで、現実での動きや変化をコンピュータ上で再現・確認できます。この仮想モデルにより、安全性のチェックや故障の予測、効率的な運用が可能になります。言い換えれば、デジタルツインは「現実の分身」を使って、現実の課題をあらかじめ仮想空間で解決する手助けをするのです。

ＡＩ×エネルギー革命――真に持続可能な地域再生＠糸島

次に、よりスケールの大きい事例を紹介しておきましょう。糸島サイエンス・ヴィレッジ（ＳＶＩ）は、エネルギーとＡＩの融合による地域再生の可能性を示す先進的な取り組みです。九州大学と福岡県糸島市の協力から始まったこのプロジェクトは、地産地消のエネルギー活用、最新のローカル通信基盤整備、そして生成ＡＩを活用したまちづくりを通じて、持続可能な地域社会のモデルを提示しようとしています。

糸島市は、福岡県の西部に位置する自然豊かな人口10万４０００人の都市で、九州大学の伊都《いと》キャンパスを有する学術都市としての顔も持っています。この地域は、美しい海岸線や雄大な山々が織りなす自然景観とともに、豊かな農水産物が魅力で、「糸島ブランド」

として高く評価されています。その象徴とも言えるのが、ＪＡ直売所として日本一の売上高を誇るＪＡ糸島産直市場「伊都菜彩」です。ここでは、地元で採れた新鮮な野菜や果物、魚介類がずらりと並び、福岡市内から足を運ぶ人々をはじめ、全国から訪れる多くの人々を魅了しています。２０２４年度後期のＮＨＫ連続テレビ小説「おむすび」の中でも直売所立ち上げが話題として取り上げられました。

福岡空港から車で約30分というアクセスの良さも大きな特長で、県外からも気軽に訪れることができる点も人気の理由の１つとなっています。こうした地理的な要因も踏まえて、２０２４年12月、九州最大級のデータセンター建設を米アジア・パシフィック・ランドグループが発表しています。

ＳＶＩの構想の検討は２０１７年に始まりましたが、その背景には直面するいくつかの課題がありました。例えば若者の人口流出、第一次産業の高齢化対応などです。これらの課題に総合的に取り組むため、ＳＶＩは単なる研究施設の集積地ではなく、新しい時代のまちづくりのモデルとなることを目指しています。

２０２１年に一般社団法人ＳＶＩ推進協議会が設立され、さまざまな取り組みが進められてきました。大きな成果として２０２３年に「ＳＶＩまちづくり構想」が発表されました。ＳＶＩまちづくり構想の特徴的な考え方の１つに、「マイクロネイバーフッド・ユニ

図13　糸島のサイエンスヴィレッジ構想

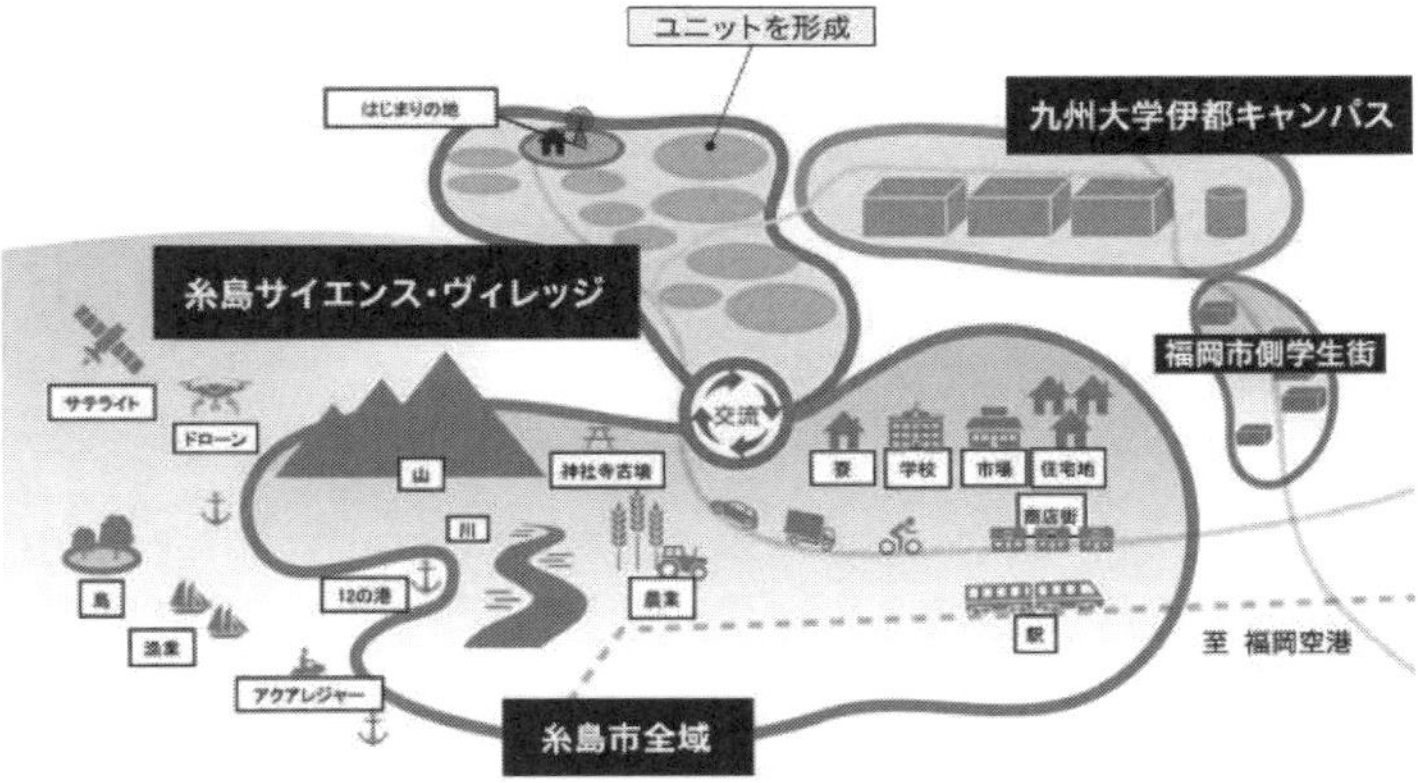

出所：一般社団法人SVI推進協議会、「SVIまちづくり構想」から筆者（高野）作成

ット」があります。これは、約200メートルの直径を持つ小さな近隣単位でまちを構成するという考え方です。各ユニットには最新のテクノロジーが搭載され、自動車道路はユニットの外周を通り、ユニット内は歩行者中心の空間とします。

SVIでは、全ユニットの共通基盤となる「まちづくりスターターキット」の開発を目指して活動を進めています。この基盤には、小規模データセンター、AIと連動可能な各種センサー、道路・建物・ロボット、そしてローカル5Gなどのネットワークが含まれます。この共通基盤の特長は、変更が困難な「重たいもの（道路、水道、建物など）」と、頻繁に更新可能な「軽いもの（通信設備、移動体、ソフトウエアなど）」を適切に組み合わせている点です。

エネルギーの地産地消は、SVIの重要な取り組みの1つです。2018年に九州本土で再生可能エネルギーの出力制御が始まったことを背景に、SVIでは余剰電力の効率的な活用を目指しています。具体的には、再生可能エネルギーと蓄電池を活用した直流マイクログリッドによるエッジコンピューティング基盤の開発・検証が行われています。この仕組みにより、地域内で生産された電力を地域内で消費し、エネルギーの無駄を最小限に抑えることを目指しています。

地域通信基盤の整備も、SVIの欠かせない取り組みの1つです。日清紡ホールディングスの協力によりローカル5G基地局の無償提供が決定し、SVI実証センター「はじまりの地」に2022年3月に開設されました。この高速大容量の通信インフラにより、さまざまな実証実験の基盤が整いました。さらに、2023年3月には基地局にGPUサーバーが導入され、エッジコンピューティングの能力が大幅に向上しました。

これらの基盤整備を踏まえ、SVIでは生成AIを活用したまちづくりが進んでいます。「はじまりの地」では、ローカル5G、直流ネットワーク、生成AIサーバー、移動体、歩行支援、セキュリティポール、デジタルツイン、農業IoT実験などの技術やシステムが実証されています。

特に注目されるのが、AI-CITY（生成AIスマートシティ）の概念をSVIに統合する取り組みです。この構想では、AIをまち全体に組み込み、さまざまな面で活用することを目指しています。例えば、AIによるまちの最適化（交通流の制御、エネルギー管理、環境モニタリングなど）、各住民それぞれに向けたサービスの提供、インタラクティブな都市インフラの構築、AI支援による市民参加の促進、持続可能性の向上などが挙げられます。

SVIの目指す姿は、単なる技術の実験場ではありません。糸島市全体を若く活力のある町に変えることを目標としています。具体的には、九州大学の学生の糸島市内居住率を引き上げること、卒業生が糸島で就職し定住するようにすること、スタートアップや企業の移住者が家族で暮らし、子育てができる環境を整えること、そして市内生産人口を増加させることを目指しています。

これらの目標を達成するため、SVIの取り組みでは幅広い雇用機会、教育施設、コミュニティ施設、活発な市民団体、さまざまな住宅やサービスを提供していくことを計画しています。例えば、中山間地ユニット、漁港ユニット、農業ユニット、商店街ユニット、住宅地ユニット、学生街ユニット、エネルギーユニット、ホテルユニット、工場ユニット、ドローンユニットなど、さまざまな特性を持つユニットの開発と展開が構想されています。

SVIの取り組みは、日本が直面するさまざまな課題に対する1つの解決策を提示しています。再生可能エネルギーの効率的な活用は、エネルギー問題への対応だけでなく、地域経済の活性化にも寄与します。高速通信インフラとエッジコンピューティングの整備は、都市部と地方のデジタルデバイド（情報格差）を解消し、新たな産業やサービスの創出を促進します。そして、生成AIを活用したまちづくりは、限られた資源を最大限に活用しながら、住民のQOL（Quality of Life）の向上につながります。

しかし、SVIの取り組みにはいくつかの課題もあります。技術の急速な進化に対応しつつ、地域の文化や歴史をいかに保存し、活かしていくかという点は重要な課題です。また、AIやデジタル技術に不慣れな高齢者などが取り残されないよう、デジタルリテラシーの向上や、アナログとデジタルのバランスの取れたまちづくりも求められます。

さらに、個人情報の保護やプライバシーの確保も重要な課題です。AIやセンサーをまち全体に張りめぐらせることで、個人の行動や生活パターンが詳細に把握される可能性があります。これらのデータをいかに適切に管理し、活用するかは、今後慎重に検討していく必要があるでしょう。

SVIの取り組みは、これらの課題に対する解決策を模索しながら進められています。例えば、生成AIを活用したまちづくり学校などの活動が始まっています。

この糸島市での取り組みは、日本の他の地域にも示唆を与えるものです。特に、地方都市や過疎地域の再生において、エネルギーとAIの融合がもたらす可能性は大きいと言えるでしょう。再生可能エネルギーの地産地消モデルは、エネルギーコストの削減と地域経済の活性化を同時に実現する可能性があります。また、AIを活用したスマートシティの概念は、限られた資源を効率的に活用しながら、住民のQOLを向上させる手段となりえます。

さらに、SVIのような取り組みは、日本の産業競争力強化にも寄与する可能性があります。エネルギーマネジメント、AIシステム、スマートシティ技術などの分野で培われた知見や技術は、将来的に海外展開できる可能性があります。特に、同様の課題を抱える新興国や発展途上国にとって、SVIのモデルは参考になるでしょう。

ただし、SVIの取り組みをそのまま他の地域に適用することは容易ではありません。各地域には固有の歴史、文化、地理的特性があり、それぞれに適したアプローチが必要となります。SVIの経験から学びつつ、各地域の特性に合わせたカスタマイズが求められます。

炭素循環からの農業再革命

地域の将来を考える上で大きな課題は、農業や水産業など地域を支える第一次産業にあります。どの地域でも担い手の高齢化が進み、持続性の観点で危機的状況とも言えます。また日本の食料自給率は低すぎると指摘されて久しく、少子高齢化などにより担い手が激減して危機的状況にあるにもかかわらず農業生産力を上げていかなければなりません。

まさしく「より少ないものから、より多くを生み出す」知恵が強く求められています。

実際のところ、日本の農業はそこで使う熱や動力のほとんどを化石燃料に依存しているという課題もあります。

このような農業の現状を考えると、徐々にでも脱炭素化を進めていかなければなりません。そのためにテクノロジーを活用したスマート農業化が必須です。その際にAIーと電力を用いることで、さらに生産性を上げることができます。例えば施設園芸（ハウス栽培）で必要となる熱は、電化によりヒートポンプでまかなうようにします。これによりエネルギー効率が大幅に向上するだけでなく、熱源をハウス内に分散配置することで、それぞれの場所での精密な温度管理が可能となり、エネルギー消費効率も上がります。ハウス内では小型のロボットやドローンを活用して、農作業を自動化していきます。

さらにここで採れた農産物を加工する場合は、近傍に食品加工場も配置して、食品加工に必要となる熱をヒートポンプでまかなうことで、サプライチェーン全体の効率化と省エネルギー化を図ることができます。ハウスにはペロブスカイト太陽電池（有機ハロゲン化鉛を用いた軽量・低コストの次世代太陽電池。日本発の技術で、従来型の20分の1のコストと柔軟性が特徴）の併用が考えられ、必要となるエネルギーを自ら生み出すだけでなく、さらに余剰となるエネルギーを食品加工場など地域の地産地消につなげることができます。

路地栽培についても同様の工夫ができるでしょう。現在、ソーラーシェアリング（営農型太陽光発電）が注目を集めています。営農型太陽光では、まず、パネルの下で行われる農業に悪影響を与えないことが必須条件ですが、さらに農業をスマートにすることに発電された電気を使うことができます。

最近は気候変動の影響により、夏の日照りや冬の寒さが農作物に悪影響を与えていますが、すだれ状に上部に配置された太陽光パネルのおかげで、日照りの被害を防ぎ、霜も降りにくくなります。つまり上部の太陽光パネルが半屋根として機能することで、農作物に好影響を与える可能性もあります。さらに農作物からの水蒸気が太陽光パネルを下部から冷却するため、発電効率が高まるという相乗効果もあるのです。このように炭素循環から農業を再度見直すことが必要ではないでしょうか。

現在の日本の耕作面積の５％をソーラーシェアリングとすることで、年間２０００億キロワット時（現在の日本の電力消費の20％程度）という膨大なエネルギーが活用可能になります。この電気は農業や食品加工だけでは使いきれないので、先ほど述べた地域の交通を成り立たせるために活用し、さらに生じる余剰分は分散コンピューティングなどに活用することや、電力の不足する人口密集エリアに送電することもできるでしょう。

こうした農業のスマート化、電化、脱炭素化は日本の農業を大きく変える可能性を秘めています。農業生産のスマート化だけにとどまらず、消費者の「味覚体験」までつながる

ソーラーシェアリングの例

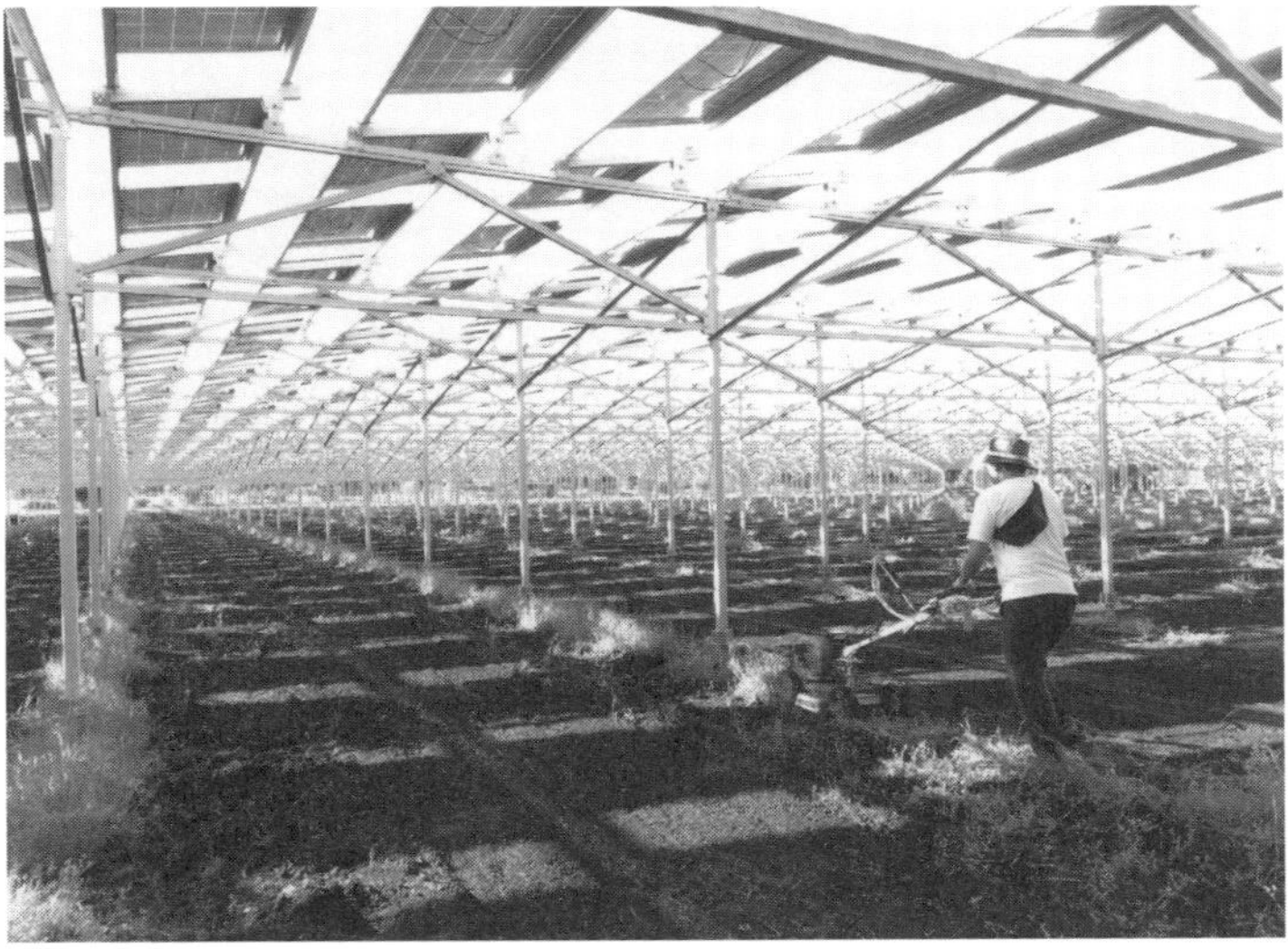

提供：千葉エコ・エネルギー株式会社

サプライチェーン全体をつなぎ、顧客起点で価値を生むように考える必要があります。和食は世界で注目されていますから、産地にインバウンドの観光客を集めて、農産物の魅力をアピールし、そこからさらなる食材の輸出といった展開も夢ではありません。これを推し進めれば「より少ないものから、より多くを生み出す」により、担い手数は減少しつつもGDPを押し上げる有力な輸出産業としていくこともできるのではないでしょうか。

そうした動きを後押しするようなスタートアップ企業も生まれています。ZEROCO（本社東京都渋谷区）は、低温・高湿の環境による独自の鮮度保持技術を開発して、食品保存の常識を覆し、食のサプライチェーンの革新を目指しています。

「より少ないものから、より多くを生み出す」の実現に向けて、すでにスマート農業における以下のような取り組みが各国で進められています。

日本：農林水産省の「みどりの食料システム戦略」

- **２０５０年：農林水産業のCO_2ゼロエミッション化**
- **２０３０年：食品製造業の労働生産性３割向上**

米国：Agriculture Innovation Mission for Climate（AIM for Climate）

- **２０５０年：農業生産量40％増加、環境フットプリント半減**

このような野心的な目標の実現には、本章が提案するAI・電化の統合的なアプローチが不可欠となると考えられます。

未来型農場「ダイソンファーム」――AI×エネルギーで描く農業の未来

デジタル・エネルギー・モビリティの融合による農業への適用、最新のスマート農業というと海外にお手本があります。掃除機で有名なダイソン社が運営する「ダイソンファーム」です。

英国の広大な田園地帯に、従来の農場のイメージを覆す革新的な農業施設が存在します。約1万4600ヘクタールという広大な農地で、最新テクノロジーと環境保護を見事に融合させた未来型の農業に挑戦し、イチゴやジャガイモ、エンドウ豆などを生産し、販売しています。

ダイソンファームの特徴は、徹底したデジタル化と自動化にあります。2024年9月に発表された大規模なデジタル化プロジェクトでは、約1万4600ヘクタールの農地全体をスマート化する計画が進行中です。約100の農場、100以上の倉庫、250台以上の農業機械がすべてデジタルプラットフォームで統合管理され、効率的な農場運営を実現しています。

特に注目すべきは、AI技術を活用した精密農業の実践です。例えば、除草作業では12台のカメラを搭載したAI支援型散布システムを導入。雑草を正確に識別し、必要な場所にのみ除草剤を散布することで、使用量を70～90％も削減することに成功しています。

また、ドローン技術も積極的に活用されています。収穫期に問題となる保護鳥類（ハイイロチュウヒなど）の営巣地を、ドローンで特定。その位置情報を収穫機に送信することで、巣を避けながらの効率的な収穫作業を実現しています。さらに、温室でのイチゴ栽培では18台の収穫ロボットが稼働中で、年間750トンもの収穫を可能にしています。

ダイソンファームのもう1つの革新的な取り組みが、農業と再生可能エネルギーの見事な融合です。農場内に設置された2基の大規模な嫌気性消化装置が、その中心的な役割を果たしています。

この装置では、トウモロコシや大麦を原料としてバイオメタンを生成し、これにより1万世帯分の電力供給が可能となり、さらに農場の温室や農業車両の動力源としても活用されています。また、消化過程で生成される有機物は高品質な肥料として農地に還元され、土壌の質と作物収量の向上に貢献しています。

このような取り組みにより、ダイソンファームは2030年までに農場運営でのカーボンニュートラル達成を目指しています。さらに将来的には、生成されたバイオメタンをバイオガスに変換し、グリーン輸送にも活用する計画です。

未来の農業モデルとしての意義

ダイソンファームの取り組みが示唆するのは、テクノロジーの活用と環境保護は決して相反するものではないという事実です。むしろ、最新技術を適切に導入することで、農業の生産性向上と環境負荷の低減を同時に実現できることを実証しています。

特に注目すべきは、個々の技術導入ではなく、農場全体を1つのシステムとして捉えた統合的なアプローチです。デジタル技術による精密な管理、再生可能エネルギーの活用、そして循環型農業の実践が、有機的に結びついているのです。

ダイソンファームの事例は、最新テクノロジーと環境保護の統合という点で示唆に富んでいます。ただし、日本の農業は英国など海外とは異なる特徴を持っています。平均的な農地面積が非常に小さく、山がちな地形が多いという日本の実情に合わせた、独自のスマート農業の展開が必要でしょう。

特に注目すべきは、先述した小型の電脳モビリティと先述したソーラーシェアリングの組み合わせです。小回りの利く自動運転型の小型農業機械は、日本の狭小な農地での作業に適しています。これらの機械は、人手不足の解消だけでなく、高齢農家の作業負担軽減にも貢献できます。

また、営農型太陽光発電と蓄電池システムの導入は、農地の立体的な活用を可能にします。作物の栽培と再生可能エネルギーの生産を両立させることで、農家の新たな収入源となるだけでなく、農業機械の電動化やヒートポンプを活用して温室栽培・食品加工に必要な熱も自給できます。さらに、余剰電力は地域のエネルギー供給にも貢献可能です。

このように、日本版スマート農業は、コンパクトな電動農業機械と分散型エネルギーシステムを核として展開していくことが考えられます。ダイソンファームの先進的な取り組みに学びつつ、日本の地理的・社会的特性に適合した独自のモデルを構築していく必要があるでしょう。日本の農業が直面する担い手不足や環境問題の解決に向けて、ダイソンファームの事例は多くの示唆を与えてくれます。技術革新と環境保護の両立という、これからの農業が目指すべき1つの方向性を示していると言えるでしょう。

魚でレスポンス
――水産業と再生可能エネルギーの協働

農業と並んで日本人の私たちの食卓を支える水産業は、実は電力の大量消費者でもあります。大量の魚を保管する冷凍・冷蔵施設の維持には莫大な電力が必要とされ、近年の電気料金高騰は水産業者の経営を圧迫しています。しかし、この「課題」は実は大きな「可能性」を秘めていました。

全国有数の水揚げ量を誇る銚子漁港には大規模な冷凍・冷蔵施設が集中し、大量の電力を消費しています。施設では主にイワシをマイナス30度まで冷凍し、長期保管していきます。これまで各施設では、単純な温度制御（マイナス30度を下回ると停止、上回ると稼働）で冷凍機を運転してきました。

この状況を一変させるのが、「魚でレスポンス」と名付けられた革新的なプロジェクトです。冷凍・冷蔵施設を「巨大な蓄熱池」として活用するこのプロジェクトでは施設で保管される冷凍魚を「蓄冷剤」として機能させ、電気エネルギーを冷熱の形で貯蔵することを可能にしています。

具体的には、4基の大規模風力発電（各4・2メガワット）でつくられた再生可能エネルギーを、AIと数理最適化技術を活用して効率的に使用しています。東京大学発のスタートアップ企業Freezo（本社東京都文京区）が開発したシステムにより、次のような高度な制御が可能になり、地域の課題解決と再生可能エネルギーの効率的活用を同時に実現する画期的な取り組みとなっています。

- **機械学習による庫内温度の予測**
- **冷凍機の消費電力予測**
- **数理最適化モデルによる最適な運転制御**
- **水揚げ時間や水揚げ量などの地域特性の考慮**

このプロジェクトの革新性は次のような点が挙げられます。

- **既存設備の活用：新規の大型設備投資を必要とせず、既存の冷凍機をより賢く制御することで、導入コストを抑制**
- **電力需給の安定化：再生可能エネルギーの不安定さを、冷凍機の柔軟な運転で補完**

- **経営の安定化：電気料金の削減と価格の安定化により、水産業の経営基盤を強化**
- **環境価値の創出：再生可能エネルギーで冷凍・冷蔵した水産物を環境配慮型商品としてブランド化**

日本国内の冷蔵倉庫の総容量は約３４００万立方メートルに達し、約２９００棟の倉庫が存在します。その約半数が１９９０年代以前の建設で、更新時期を迎えつつあります。そのため、この取り組みの潜在市場は、極めて大きいと言えます。

「魚でレスポンス」の成功は、単なる一地域の取り組みを超えた意味を持ちます。このモデルは、水産業に限らず、農業（「キャベツでレスポンス」）など、他の冷蔵施設を必要とする産業への展開が可能です。さらに、市場価格の変動に応じた「市場連動型デマンドレスポンス」の開発により、再生可能エネルギーの地産が難しい地域でも、余剰電力を効率的に活用できる可能性が開かれています。

このようなプロジェクトは、地域の基幹産業である水産業の課題解決から生まれた、新しい地域循環型のエネルギーモデルと言えます。課題を可能性に転換する、こうした取り組みこそが、持続可能な社会の実現への道筋を示していると言えるでしょう。

災害に備える――にぎわい広場と災害拠点

能登半島を襲った巨大地震やその他の地域で毎年のように発生する台風などの水害により、私たちは災害列島の上で暮らしていることを繰り返し思い知らされます。自然災害はインフラを寸断し、ただでさえ人口減少に喘ぐ日本にとっては大きな重荷です。

分散型エネルギーの活用は、地域のレジリエンスを向上させることにつながります。例えば台風による倒木や地震で道路や配電網が寸断されても、地域に太陽光発電や蓄電池が一定程度分散して配置されていれば、防災上大きな効果があります。

２０１１年の東日本大震災では、スマートフォンが災害時に極めて重要であることが初めて認識されましたが、エネルギーがなければ充電切れになるというリスクがあります。

このため地域に多くの避難拠点をつくり、そこに行けば、水、食料、電気、通信、医療サービスがあるという状態をつくり出すことが望まれます。しかし、このような拠点をいつも多数設置しておくことは現実的には困難です。このため、トレーラーハウスなどを活

図14 にぎわい広場のサービス

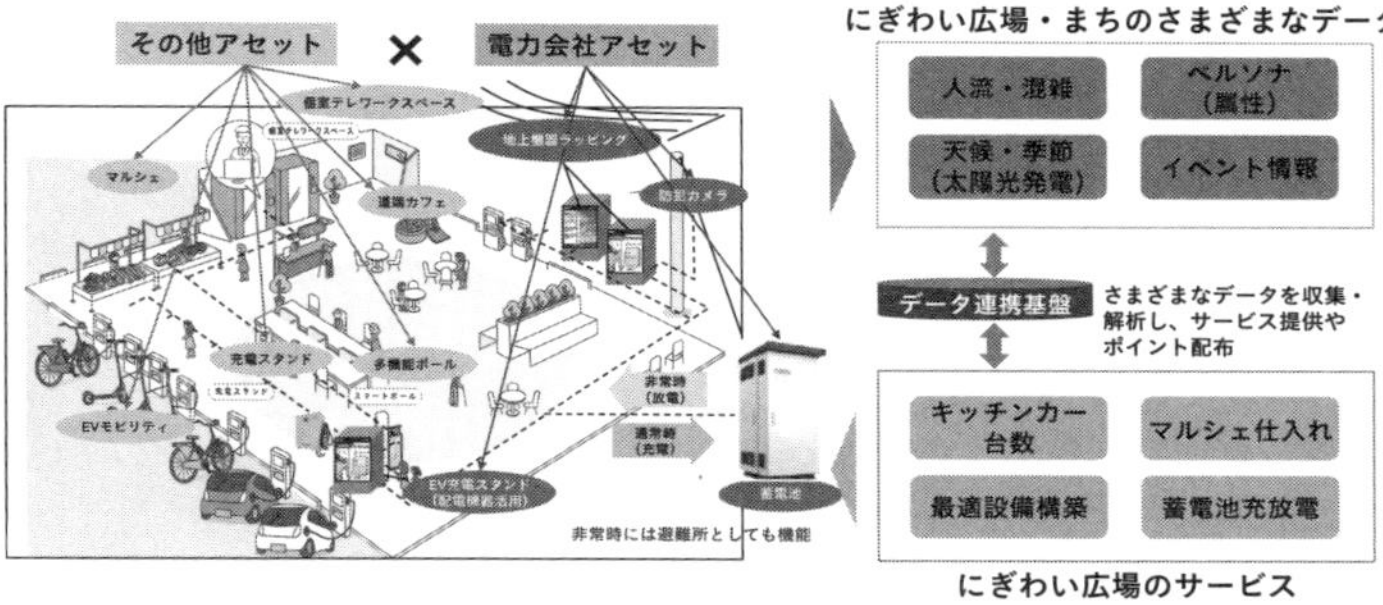

出所：東京電力パワーグリット、デジタル庁「モビリティ・ロードマップ」のありかたに関する研究会第4回資料から筆者(岡本)作成

用して、必要な時に必要な場所に動的に災害拠点を作り出すことが考えられます。拠点において活用するトレーラーハウスを一定数、国レベルで保有していれば、いざという時に活用することができます（147ページの図14）。

また、この仕掛けにマルシェなどを加えて平常時に活用すれば、にぎわい広場を動的につくり出すことも可能となります。ここに集まれば、人と人が触れ合うことができ、エネルギーと情報がいつでもあり、簡単な医療検査・診断も受けられるようにするのです。いわば移動拠点のフェーズフリー化です。ここでもトレーラーハウスが移動するデジタル・エネルギー・モビリティのハブとして機能することになります。

光でグローバルにつながるMESH

ここまで述べてきたコンセプトは、都市部や農村部の地域計画やグローバルコネクティビティを包含するものとして一般化することができます（図15）。

サイバースペースは光ファイバーや衛星通信を通じてグローバルに接続されており、リソースのシームレスな利用が可能になります。

図15　グローバルMESH相互接続：リソース利用を最適化するサイバーファースト・アプローチ

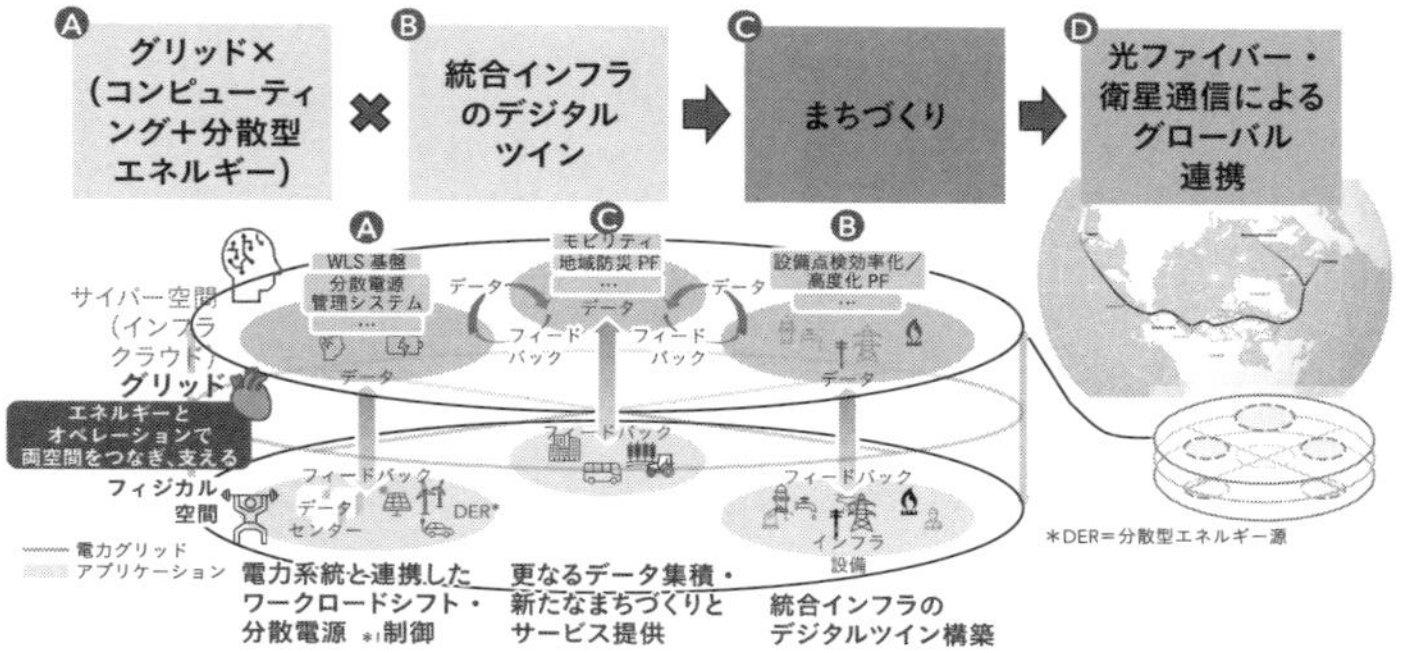

出所：東京電力パワーグリット

例えば、フィンランドの水力発電を活用したAI／機械学習用データセンターに、日本からデータを光ファイバーで送って学習させ、フィンランドで学習が進んだAIのニューラルネットワークモデルを光ファイバーで受け取れば、フィンランドから脱炭素化されたエネルギーを輸入するのと同様の効果があります。このようにクラウドコンピューティングを使えば、いわば時間と空間を超えてワット・ビット連携を実現し、グローバルなエネルギー資源の最適化が仮想的な電力取引を通じて実施できるようになります。

日本は周囲を深い海に囲まれているため、電力グリッドを他国と国際連系するのは容易ではありませんが、光ファイバーの国際連系はずっと安価で容易です。実際、フィンランドと北海道の苫小牧を候補地として直接接続する北極海ルートの光ファイバーが2027年には運転を開始する予定です。これにより日本とヨーロッパの距離が縮まり、相互の協調が容易になることが期待されます。

光ファイバーによる国際連系を考えると、日本の地政学的な位置づけも変わってくる可能性があります。欧州、米国と直接光ファイバーで連結されることで、日本は欧米とアジアを結ぶゲートウェイ的な場所になります。今後はこの光ファイバーを活用して日本が、AIサービスの国際貿易や仮想化された電力取引のハブとなる可能性もありえます。

このようにグローバルな連携を考える場合、電力グリッド事業者とクラウドコンピューティング事業者（特にメガクラウドを担うビッグテック）の連携協業が重要になることが理解できるでしょう。

エネルギーを起点とした新しいまちづくりや土地や自然に根差した第一次産業を再編する可能性について見てきました。これらの構想を広げ、現実のものとするためには、具体的な実装計画と多様なステークホルダーとの協働が欠かせません。最後に、その実現に向けたロードマップを提示します。

MESH構想に求められる共創フレームワーク

MESH構想については、実現に向けてはまだまだ検証すべき課題がたくさん残されています。

まず社会実装に向けて最も重視すべきことは、ユーザーへの価値提供を最優先にすることです。ユーザーの利便性を上げつつエネルギー消費の行動変容を促すことができるかどうか、小規模実証から始めて段階的展開を目指す必要があります。また、多くのステークホルダーとの協調が必要となります。

そこで、私たちは電力システムとマルチクラウド環境を統合するレイヤー型の共創フレームワーク（図16）を提案しています。このレイヤー構造のフレームワークを活用して、さまざまなステークホルダーとの対話を始めています。

具体的にその内容を見ていきましょう。

①エネルギー管理基盤――電力グリッドとのインターフェースを持ち、地域ごとの価格シグナルやCO_2情報をもとに、複数のクラウド環境で動作するエネルギー管理用のプラットフォーム。ワークロードシフトの機能を提供

②ソブリン性のあるクラウド管理基盤――エネルギー管理基盤の上に構築されたセキュリティが確保されたプライベートなクラウド基盤は、ユーザーのデータ主権と運用主権、各国の規制へのコンプライアンスを保証。なお、①と②の機能は電力グリッド企業が果たすべき新たな役割（次世代の電力業務）との位置づけが可能

③AI・機械学習、M2M通信、デジタルツイン基盤――基盤となるクラウドインフラを活用し、インフラ検査、モビリティサービス、GIS上のデジタルツインと組み合わせた最新のAIによる分析・最適化をSaaS（Software as a Service）として実現可能とし、さらに地域のあらゆる生活・産業とクラウド基盤との双方向通信を行うためのM to M

図16 電脳融合による共創フレームワーク

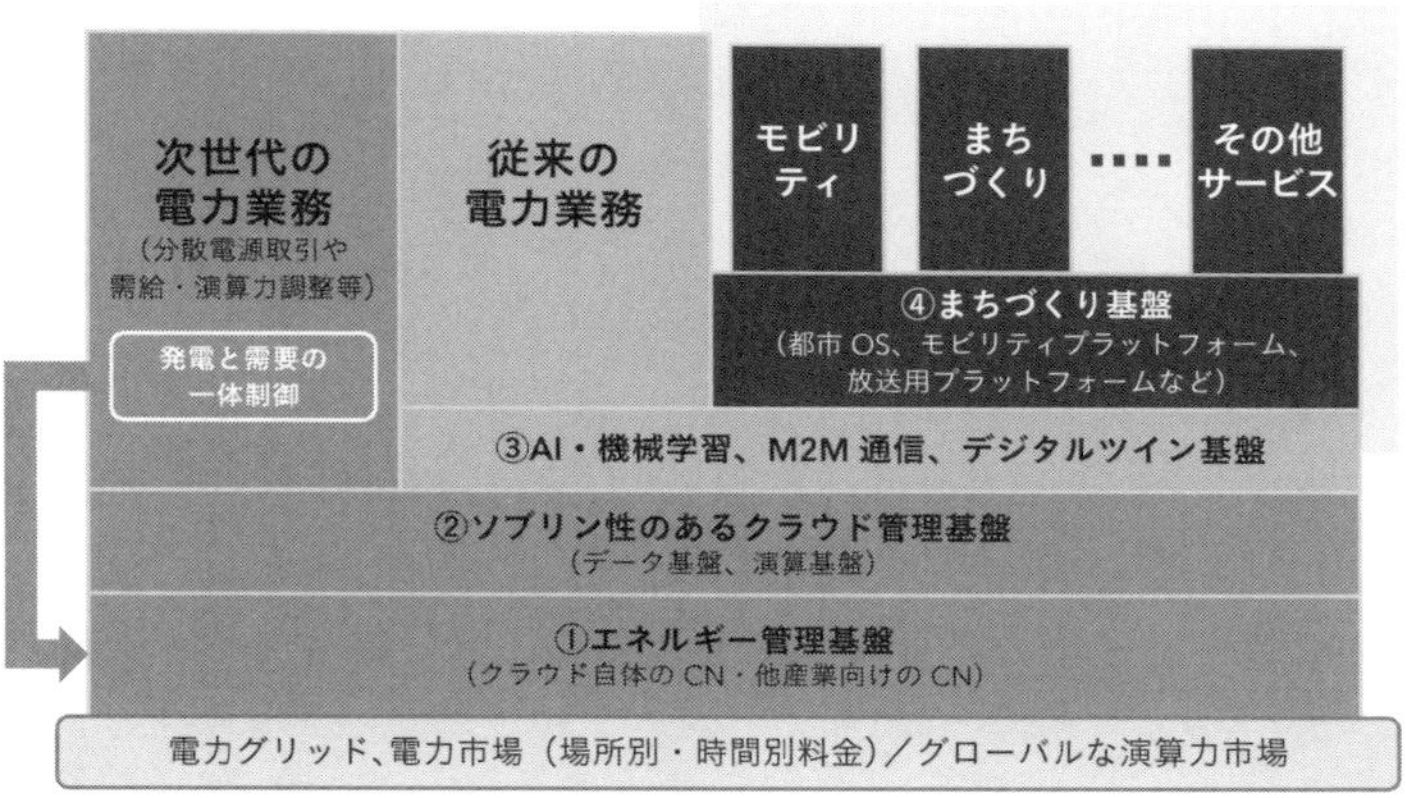

出所：東京電力パワーグリッド、「内閣府GX2040リーダーズパネル」資料

（Machine to Machine）通信基盤。電力グリッドのオペレーションはこの基盤上に実装可能

❹ **まちづくり基盤**――都市OS、モビリティプラットフォーム（先述）、放送用プラットフォームなどまちづくりのベースになる機能を提供する基盤。まちづくりとまちのオペレーションのためのアプリケーションはすべてこの基盤上にユーザー主導でアジャイルに構築可能

この共創フレームワークにより、地域に関わるさまざまなサービスが協調・共創領域、競争領域の組み合わせとして実現されるだけでなく、グローバルな協調も可能になるのです。

第5章

再生可能エネルギーからＡＩを捉え直す

――日本企業の伸びしろを探せ

これからのエネルギーは生もの――適時・適地で

ＡＩの急速な進化と普及に伴い、エネルギー分野との関係性が新たな局面を迎えています。特に、再生可能エネルギーからＡＩを捉え直すことで日本企業のやるべき道筋が見えてきます。本章では、この新たな潮流がもたらす機会と課題について探ります。

生成ＡＩの電力問題は現段階では予測がつきません。例えば、オープンＡＩのサム・アルトマンＣＥＯは、ＡＩの学習に必要な電力が今後急増すると予測しており、２０３０年までに世界の電力需要の10％以上をＡＩが占める可能性があると指摘しています。

従来、再生可能エネルギーの開発は、必ずしも電力需要の開発とセットで検討されてきませんでした。そのため、太陽光発電や風力発電のプロジェクトは、主に自然条件や土地の利用可能性に基づいて計画されてきました。

しかし、先述の通り、この従来のアプローチでは、生成ＡＩの時代における電力需要の急増に対応することが困難になる可能性があります。

生成ＡＩを支えるデータセンターは、新たな形態の電力需要を生み出しています。これらのデータセンターは、適時・適地にかつ大量に電力を使用するフレキシブルな需要源となります。グーグルはすでに、データセンターの稼働を再生可能エネルギーの供給状況に合わせて調整する「カーボンインテリジェントコンピューティング」を導入しています。このシステムにより、データセンターの電力使用を太陽光や風力の発電量が多い時間帯にシフトさせ、再生可能エネルギーの利用率を高めています。

日本では再生可能エネルギーの出力制御が課題となっていることは先にも触れた通りです。再生可能エネルギーはいわば「生もの」のような存在であることを思い出してください。

特に九州電力管内では、太陽光発電の急速な普及により、電力需要が少ない晴れた日中に電力供給が需要を上回り、発電所の出力を抑制する必要が生じています。この状況は、再生可能エネルギーの効率的な利用を妨げる要因となっています。

この課題に対する1つの解決策として、生成AIーデータセンターの分散配置が考えられます。ワット・ビット連携を推進し、データセンターを再生可能エネルギーの供給地近くに配置し、電力の地産地消を促進することで、送電ロスを減らし、出力制御の必要性を低減できる可能性があります。さらに、これらのデータセンターは地域の産業や生活基盤としても機能し、地域経済の活性化にも貢献する可能性があります。

例えば、北海道では、寒冷な気候を活かした自然冷却システムを採用したデータセンターの建設事例があります。さらに、風力発電や太陽光発電との連携も計画されており、再生可能エネルギーの地産地消モデルとしても注目されています。このような取り組みは、エネルギーの効率的利用とAI産業の発展を同時に実現する可能性を示しています。

また、福島県では、再生可能エネルギーと水素製造を組み合わせた新たな産業モデルの構築が進められています。こうした考え方を拡張すれば余剰電力を利用して水素を製造し、それをデータセンター用電源として活用することもできるでしょう。エネルギーの地産地消と産業振興、そして災害に強いインフラ整備を同時に実現することにつながります。

これらの事例は、再生可能エネルギーとAIの連携が、単なる技術革新にとどまらず、地域社会のあり方そのものを変革することを示唆しています。エネルギーを「生もの」として捉え、その特性を活かした柔軟な利用を可能にするAI技術は、日本のエネルギー政策と産業政策の新たな展開につながります。

生成AI×エネルギーというイノベーション軸

生成AIにおける大規模言語モデル（LLM）の成功は、AI研究開発の新たな方向性を示しました。しかも、その影響は言語処理の分野にとどまらず、さまざまな科学技術分野における基盤モデルの開発競争へと発展しています。

基盤モデルとは、大量のデータを用いて事前学習を行い、さまざまなタスクに転用可能な汎用的なAIモデルを指します。大規模言語モデルのマルチモーダル化、つまりテキストだけでなく画像や音声なども扱えるように拡張されたモデルも、この基盤モデルの一種と言えます。例えば、オープンAIのGPT-4以降の代表的なモデルは、テキストと画像を同時に理解し処理できる能力を持っています。

基盤モデルの概念は急速に科学技術分野にも広がっています。生命科学モデル、材料化学モデル、気象モデルなど、あらゆる分野で大規模な基盤モデルの開発が進められています。2024年のノーベル化学賞の対象となったディープマインド（DeepMind）のアルファフォールド2（AlphaFold2）は、タンパク質の立体構造を高精度で予測する基盤モデルです。また気象予報の精度向上を目指す基盤モデルの開発もさまざまな企業が取り組んでいます。

これらの膨大なモデルの学習や推論には、ひたすら莫大な電力が必要です。例えば、GPT－3の学習には約19万キロワット時の電力が必要だったと推定されています。これは、平均的な米国の家庭が17年間で使用する電力量に相当します。今後、より大規模で複雑なモデルが開発されるにつれ、必要な電力量はさらに増加すると予想されます。

こうした状況下で、エネルギーの使用方法に対する考え方を根本的に変える必要があります。もはや常時、使いたいだけの電力を湯水のように使うのではなく、適地・適時で活用することを前提とした上で、最大の成果を出せるように使われる、いわばモアフロムレスの考え方が当たり前になるでしょう。


こうした動きは生成AIとエネルギーの融合による新たなイノベーション軸となります。つまり、エネルギーの効率的な利用とAIの性能向上を同時に追求することが、技術革新の重要な方向性になるのです。

「生もの」としてのエネルギーを適時・適地で活用する。エネルギーの需給ギャップを埋めるためには既存の時間と空間の制約を解消するべく、ワットの移動よりもビット移動のほうが圧倒的に低コストとなることを考慮した時間と空間の新しい掛け合わせ、組み合わせを考え直すという発想が不可欠です。そこには、新たな事業やビジネスを生み出す機会が眠っているということです。

このAI×エネルギーという新たなイノベーション軸は、日本企業にとって大きな機会となります。日本は、省エネ技術において高い競争力を持っています。こうした技術とAIを組み合わせることで、エネルギー効率の高いAIシステムの開発が可能になるでしょう。

さらに、日本の強みである製造業のノウハウをAIと組み合わせることで、新たな価値を創出できます。工場の生産プロセスをAIで最適化し、エネルギー消費を最小限に抑えながら生産効率を向上させるシステムの開発などが考えられます。実際、日本のものづくり企業は、製造現場へのAI導入を積極的に進めており、エネルギー効率と生産性の同時向上を目指しています。

また、日本の地域特性を活かしたAI－エネルギー融合モデルの構築も期待されます。地熱発電が盛んな東北や九州では、安定的な再生可能エネルギー供給とAI－データセンターを組み合わせた新たな産業クラスターの形成が考えられます。このような取り組みは、地域経済の活性化とAI産業の発展、そしてエネルギーの効率的利用を促します。

一方で、AIとエネルギーの融合には課題も存在します。特に、データセンターの立地や電力インフラの整備には長期的な計画と大規模な投資が必要です。また、AIの利用拡大に伴う電力需要の急増は、電力系統の安定性にも影響を与えます。これらの課題に対応するためには、産学官の連携と長期的視点に立った政策立案が不可欠です。

例えば、経済産業省は「グリーンイノベーション基金」を通じて、再生可能エネルギーとAIを組み合わせた新たな産業創出を支援しています。また、「デジタル田園都市国家構想」の一環として、地方へのデータセンター誘致も進められています。これらの政策は、AIとエネルギーの融合による新たな産業エコシステムの構築につながります。

AI×エネルギーというイノベーション軸は、日本企業にとってこれまでにない新たな成長機会を提供する可能性がありますが、その実現には技術開発だけでなく、社会システムの変革や人材育成が不可欠です。こうした機会を活かすためには、従来の縦割り的な思考から脱却し、分野横断的な横割りアプローチが必要です。エネルギー、IT、製造業、農業、行政など、さまざまな分野の知見を融合させ、新たな価値を創造していく必要があります。

AIでエネルギー消費量を大幅に削減

AIの急速な発展は、エネルギー消費の増大という課題を生み出す一方で、エネルギー効率の劇的な向上をもたらす源泉にもなります。さらに、AIがもたらす新しい価値は経済システムや社会構造に大きな変革をもたらすでしょう。

まず、AIによるエネルギー節減の可能性について考えてみましょう。確かに、大規模なAIモデルの学習には膨大な電力が必要です。しかし、エヌビディアのジェンスン・フアンCEOが2024年9月に開催された米国超党派シンクタンクのインタビューの中で指摘したように、AIの活用によって電力消費を大幅に削減できる分野も数多く存在します。

例えば、気象予測の分野では、従来のスーパーコンピュータを使用した予測に比べて、AIを活用した予測では必要な電力量を3000分の1にまで削減できる可能性があると同氏は言います。

さらに、AIを活用したエネルギー管理システムの開発も進んでいます。例えば、エヌビディアがユニデータ（Unidata）とともに開発に携わっているスマートグリッドシステムは、電力グリッドの効率化や安定化に大きく貢献するとフアンCEOは述べています。

データセンターの電力消費低減についても、AIを活用した最適化が進んでいます。第1章で紹介したワークロードアロケーションオプティマイザー（WAO）と呼ばれるAI制御システムを活用することで、データセンターの電力消費量を10％以上削減できる可能性があります。これは、急増するデータセンターの電力需要を抑制する上で非常に重要な技術となるでしょう。

AIデータセンターからAIファクトリーへ

フアンCEOは先述のインタビュー動画の中で「インテリジェンスが新しい通貨になる」という興味深い考え方についても言及しています。以下、インタビューの中で興味深いコメントを列挙していきます。

従来、余剰再生可能エネルギーの活用方法として、ビットコインのマイニングが注目されてきました。しかし、フアンCEOは、「生成AIの学習によって生み出されるインテリジェンスそのものが新たな価値、つまり『通貨』になる」という驚きの指摘をしています。

　こうした考え方が定着していくことで、エネルギーの使用目的や価値創造のあり方に大きな転換をもたらすかもしれません。

　ビットコインマイニングは、その性質上、計算の難しさを意図的につくり出すことでシステムの安全性を担保しています。一方、AIの学習は、社会に直接的な価値をもたらす知識や洞察を生み出します。同じエネルギーを投入するならば、AIの学習のほうがより幅広い社会的価値を生み出す可能性があるのです。

　フアンCEOは、このインテリジェンスを「新しい通貨」として捉えることで、エネルギーや資源の利用をより効率的に、より持続可能にすることができると主張しています。AIが生み出す知識や洞察は、エネルギーを含むあらゆる資源の最適化に貢献します。つまり、「インテリジェンス」への投資は、長期的には資源の効率的な利用と持続可能な発展につながるという考え方です。

　さらに、フアンCEOは最新のAIデータセンターを「AIファクトリー」と呼ぶべきだとも提案しています。これは、従来のデータセンターとは本質的に異なる特性を持つものです。

　AIファクトリーは、絶え間なく新しい知識や洞察を生み出し続ける、まさに工場のような存在です。特筆すべき点は、その柔軟な運用にあるといいます。AIの学習プロセスは本質的に中断と再開に強いため、従来のデータセンターのような極めて高いサービスレベル契約（SLA）は必要ありません。この特性により、再生可能エネルギーの供給が豊富な時間帯に集中して稼働させたり、電力需要のピーク時には一時的に稼働を抑えたりすることができます。

この柔軟性は、AIファクトリーの立地選択にも影響を与えます。必ずしも都市部や既存のテクノロジーハブに置く必要はなく、むしろ再生可能エネルギーが豊富な地域や、エネルギーコストが低い地域に建設することで、より効率的な運用が可能になります。これは、地域経済の発展にも大きな影響を与えます。これは本書で繰り返し述べてきた考え方と同じです。

一方で、AIの急速な発展が引き起こす倫理的な課題や国家安全保障についても問題提起しています。ファアンCEOは、AIの発展には技術的な進歩だけでなく、倫理的な配慮やセキュリティ対策が不可欠であり、特にAIが生成する偽情報（ディープフェイク）の問題は深刻で、社会に混乱をもたらします。これに対抗するためには、AIを用いた検出技術の開発も重要といいます。

また、AIは国家安全保障の観点からも極めて重要な技術となっています。ファアンCE

Oは、世界の国々がAIを電力グリッドや核兵器と同じように、国家の安全保障と繁栄に不可欠なインフラストラクチャとして認識し始めていると指摘しています。特に注目すべきは「AI主権」の概念です。各国は、自国の言語、文化、思考様式がデータとして重要な国家資源であることを認識し、他国にAI開発の主導権を握られることなく、自国のデータを用いてAI技術を開発することが国家の競争力を維持する上で極めて重要になっています。

さらに、AIの発展は教育分野にも大きな変革をもたらすと考えられています。AIを活用することで、1人ひとりの学習者に合わせたパーソナライズされた教育が可能になります。AIを搭載した仮想アシスタントやチューターは、学習者の理解度や進捗を正確に把握し、最適な学習内容やペースを提案することができます。また、教師の負担軽減にも貢献し、より創造的で個別的な指導に時間を割くことができるといいます。

122日間で立ち上がったAIファクトリー

第二次トランプ政権の政府効率化省を率いることになったイーロン・マスクが立ち上げ

たｘＡＩ社の「コロッサスＡＩスーパークラスター（Colossus AI Supercluster）」はこうしたＡＩファクトリーの典型例かもしれません。この施設はテネシー州メンフィスの旧エレクトロラックス工場を改装して建設されました。

驚くべきことに、構想から完成までわずか１２２日間という短期間で建設を完了し、２０２４年９月に稼働を開始しています。システムの中核となるＧＰＵについては、２０２４年10月現在、エヌビディアＨ１００を10万台搭載し、ｘＡＩ社の大規模言語モデルであるグロックの訓練に使用されています。さらにＨ１００とＨ２００を合わせて10万台追加し、合計20万台規模への拡張を予定しています。

ネットワーク構成にも特筆すべき特徴があります。エヌビディアのスペクトラムＸイーサネット（Spectrum-X Ethernet）ネットワーキングプラットフォームを採用し、各ＧＰＵに４００ギガビットイーサネット（GbE）の専用ＮＩＣ（ネットワークインターフェースカード）を搭載しています。さらに各サーバーには追加の４００ギガビットＮＩＣを備え、サーバーあたり３・６テラビット（Terabit）秒という極めて高速なイーサネット帯域幅を実現しています。

施設全体では１５００以上のＧＰＵラックを約２００のラックアレイに配置しています。これほどの規模のシステムを効率的に稼働させるため、液冷方式を採用しています。

電力面では、現在42～56メガワットを消費していますが、最終的には１５０メガワットまでの使用を計画しています。さらに大規模な電力需要に対応するため、テスラのメガパック（Megapack）バッテリーを電力バッファとして利用し、安定した電力供給を確保しています。

新しい指標でＡＩインフラの価値を評価する

マイクロソフトのサティア・ナデラＣＥＯは、２０２４年10月にロンドンで開催されたカンファレンス「AI Tour Keynote」において、たとえ話として生成ＡＩ時代における新しい通貨はトークンであり、「１ドルあたり、ワット数あたりのトークン数」が指標になるとコメントしました。この発言は、エヌビディアのファンＣＥＯが生成ＡＩの「インテリジェンス」そのものが新しい通貨になると言及したこととも呼応しています。特にナデラＣＥＯが直接「ワット」に言及していることは、デジタルとエネルギーを統合的に扱う「ワット・ビット連携」の方向性と同期する象徴的なコメントと解釈できます。

ブロックチェーン業界ではトークンは暗号資産における価値単位として扱われますが、

生成AIにおけるトークンについて解説しておきます。ここでのトークンとは、AIがテキストを処理する際の最小単位を指します。これは必ずしも私たちが普段使う「単語」とは一致しません。例えば英語では一般的に1単語が1トークンとして扱われることが多いのですが、日本語や中国語などでは1文字が複数のトークンとして解釈されることもあります。

このトークン数が、AIサービスの利用料金を決定する基準となっています。オープンAIやアンソロピックといった主要な生成AI企業は、API（ソフトウェア間をつなぐ）サービスにおいてトークン数に基づいた課金システムを採用しています。この課金システムの特徴は、入力と出力それぞれのトークン数に対して別々の料金が設定されていることです。

入力トークンとは、ユーザーがAIに対して送信するテキストのトークン数を指します。例えば、質問文や指示文のトークン数がこれに該当します。一方、出力トークンは、AIが生成して返答するテキストのトークン数を指します。一般的に、出力トークンのほうが入力トークンよりも高い料金設定となっています。

ナデラCEOが提案した「1ドルあたり、ワット数あたりのトークン数」という指標はAPIサービスの課金体系である「1ドルあたりのトークン数」を拡張したものになります。この指標は経済性とエネルギー効率を同時に評価できるという利点があります。ＡＩの運用には膨大なコストとエネルギーが必要となるため、両者を組み合わせた評価は一定の意義があると考えられます。

この指標には運用コスト（ドル）の中に電力消費量（ワット）費用も含まれることからエネルギーの二重計上ではないかという疑問も残りますが、あえてワットを外出しすることで生成ＡＩの制約が電力であることを強調したかったのかもしれません。

日本の取るべき道とは

エネルギーと生成ＡＩの融合がもたらす新たな可能性と、日本が取るべき道筋について考察してみましょう。世界的にＡＩ開発競争が激化する中での方向性を探ることが重要です。

オープンＡＩを筆頭に生成ＡＩの大規模言語モデルの巨大化競争が続いています。この競争には真正面から取り組むのは日本では難しい状況であり、特化型の小型モデルで差異化を図るのが現実的といった声も聞こえてきます。

そうした中でソフトバンクグループの孫正義会長兼社長は、「ソフトバンクワールド（Softbank world）2024」で「日本型の小型モデル開発をすべきというのは言い訳にすぎず、人間のシナプスを超える巨大パラメータの開発が本筋」と主張しています。確かに、スケール則が成立している大規模言語モデルの性能向上を目の当たりにすると孫会長の主張には説得力があります。ましてオープンAIが2024年9月に公表したGPTシリーズとは異なるo1は、学習だけでなく、推論時もスケーリング則が働くことが示唆されており、大量の計算資源確保から逃げてはならないという考え方も理解はできます。

しかし、現在の大消費電力GPUの大量囲い込み競争といったパワープレーは、環境負荷や資源の偏在などの問題を考慮すると限界もあるでしょう。

そこで日本が取るべき道は、小型モデルを工夫することを超えたアプローチです。おそらく、人間の脳神経回路に学ぶ、あるいは分散型アーキテクチャに可能性があるのではないでしょうか。

2024年のノーベル物理学賞は、この方向性にヒントを与えてくれます。受賞したジョン・ホップフィールド教授とジェフリー・ヒントン教授の業績に関するノーベル財団のリリースには、日本人研究者の貢献も引用されています。特に、NHK放送技術研究所でネオコグニトロンを発明した福島邦彦先生の貢献は、リリース本文でも解説されています。

福島先生は現在も研究を続けており、2021年の松原仁教授との対談で次のように語っています。

学習をもっと簡単にできないかな、と考えています。ことわざで「一を聞いて十を知る」と言いますけれども、今のAIは「億を聞いて万を知る」。だから、今後は「万を聞いて億を知る」あるいは「千を聞いて万を知る」となるように狙うべきだと思います。

（日経クロステック「特集：深層学習の『元祖』はいかにして生まれたか」より）

この視点は、効率的で洞察力のあるAI開発の方向性を示唆しています。つまり、単純に大量のデータを処理するだけでなく、少ないデータから深い洞察を得られるAIの開発が重要という視点です。

良質で公正な学習データセット整備へ

生成ＡＩの日本の勝ち筋は何かという問いかけに対して、本書の鼎談《ていだん》に協力いただいた東京大学の松尾豊教授は「勝ち筋など最初からあるはずもない。圧倒的な劣勢下でも冷静に現実を見据え、最善と信じる手を打ち続けるしかない」と述べています。この見解は、日本が置かれている厳しい状況を認識しつつも、諦めずに努力を続けることの重要性を示唆しています。最善と信じる打ち手の具体例として良質で公正な学習データセットの整備を挙げることができると考えられます。

さらに松尾教授は「現状の大規模言語モデルの戦いは技術やアーキテクチャではなくデータづくりの戦いになっているところがある。英語圏のデータを整える作業は途上国で安価に行われていて、新たな搾取の構造すら見え隠れする」とも指摘しています。

こうした視点で注目したいのが、日本が保有する学習データセットの素材になりうる良質なコンテンツ資産です。例えば代表的なものとしてはＮＨＫが保有する豊富なアーカイブがあるでしょう。ＮＨＫは川口アーカイブスに膨大な放送コンテンツを保有しており、これらのコンテンツにはインターネット上にさまざまなコンテンツが公開される以前の貴重な映像、音声、テキストデータが含まれています。放送法に基づく公共放送として、NHKは高い編集基準のもとでコンテンツを制作してきました。そのため、アーカイブに含まれるデータは、信頼性が高く、バイアスの少ない良質なものと言えます。

特に重要なのは、これらのデータがインターネット以前のものを含んでいることです。現代のSNSやウェブサイトには含まれていない貴重な情報が豊富に存在し、より深い歴史的・文化的文脈を持つAIのモデル開発が可能になります。また、テキスト、音声、映像など、多様なモダリティのデータが揃っていることも大きな特徴です。これは、次世代の生成AIに求められるマルチモーダル学習に適しています。

例えば英国ではBBCの協力のもと、「ブリット（Brit）GPT」といわれるAIスーパーコンピュータの開発が推進されることが「新しい資本主義実現会議」に提出された2023年4月の松尾教授の資料中で指摘されています。このプロジェクトは、BBCの放送アーカイブを活用して英国独自の大規模言語モデルを開発するものです。

NHKのアーカイブを活用した生成AI開発を実現するためには、まずデータのデジタル化と学習データセット化を進める必要があります。この際、著作権処理の体制構築、データのクレンジングと構造化、メタデータの整備、品質管理基準の設定などが重要な課題となります。さらに、NHKの国際放送部門が持つ日本語と英語のコンテンツを活用し、バイリンガルデータセットを構築することも有効です。これにより、日本語と英語の対訳データの蓄積、クロスリンガル学習の可能性が広がり、グローバル展開への基盤をつくることができます。

技術面ではノーベル財団が、ニューラルネットへの貢献を指摘したネオコグニトロンの開発者である福島先生の研究成果など、豊富な技術的蓄積を持つＮＨＫ放送技術研究所と、大学・研究機関との共同研究体制を構築することで、より効果的な開発が可能になると考えられます。

２０２５年に放送１００年を迎えたＮＨＫにとって、このプロジェクトは記念すべき取り組みとなるでしょう。アーカイブを活用した日本発生成ＡＩの開発は、単なる技術開発にとどまらず、日本の文化や知識を世界に発信する新たな手段となりえます。

このプロジェクトからは、高品質な日本語モデルの開発、マルチモーダルＡＩの基盤構築、新しい放送技術の創出といった技術面での効果に加え、日本の文化・歴史の継承、グローバルな文化発信、デジタルアーカイブの活用促進といった文化的な効果も期待できます。さらに、公共放送の新しい価値創造、ＡＩ開発における倫理的基準の確立、国際競争力の向上といった社会的な効果ももたらすでしょう。

現在、生成ＡＩ開発は主に米国企業が主導し、オープンＡＩ、グーグル、アンソロピックなどの企業が次々と新しいモデルを発表し、性能を競い合っています。これらの企業の大規模言語モデルの学習には、大規模なAIファクトリーが必要なだけでなく、低賃金労働者によるデータのラベリング作業が利用されているという一部報道もあり、倫理的な課題も浮上しています。

中国のスタートアップ、ディープシークが学習の効率化といった技術面では一石を投じたものの、返してくる回答には権威主義的な偏りが混じっているのも事実です。日本の取り組みとして技術的な研究開発に磨きをかけるとともに、こうした潜在的な課題に対するオルタナティブを育み、世界に貢献することも最善と信じる打ち手になるはずです。

日本の強みが活かせる市場とは

さて、エネルギーと生成AIの融合が生み出す日本の強みが生かせる新たな市場についても考えてみましょう。

エヌビディアのフアンCEOは、自動運転車、ヒューマノイドロボット、量子コンピューティング、デジタルバイオロジーなどの分野が、近い将来ゼロから10億ドル規模の市場へと成長すると予測しています。

自動運転車の分野では、エネルギー効率の最適化と高度な意思決定システムの統合が不可欠です。生成ＡＩは、走行環境のリアルタイム解析や予測、エネルギー消費の最適化、さらには車両間通信による交通流の制御など、多岐にわたる領域で革新をもたらす可能性があります。この市場では、日本の自動車産業の強みと生成ＡＩ技術を融合させることで、グローバルな競争力を維持・強化できる可能性があります。２０２４年10月にＮＴＴとトヨタ自動車が発表した「交通事故ゼロ社会の実現に向けた『モビリティ×ＡＩ・通信』の共同取り組み」は１つの事例と言えるでしょう。

ヒューマノイドロボットの分野では、エネルギー効率の高い駆動システムと高度な認知・判断能力の統合が課題となります。生成ＡＩは、ロボットの動作制御や環境認識、人間とのインタラクションなど、複雑な課題の解決に貢献することが期待されます。日本のロボット工学の伝統と生成ＡＩ技術を組み合わせることで、産業用途から介護・医療分野まで幅広い応用が可能となるでしょう。

量子コンピューティングは、フアンＣＥＯの予測では実用化まであと10～15年かかるとされていますが、この分野でもエネルギーと生成ＡＩの融合が重要な役割を果たします。量子コンピュータの実現には、極低温での動作や精密な制御が必要であり、エネルギー効率の問題は避けて通れません。生成ＡＩは、量子ビットの制御最適化や量子アルゴリズムの開発支援など、量子コンピューティングの実用化を加速する可能性があります。

デジタルバイオロジーの分野では、生体システムのモデリングや薬剤設計など、膨大な計算リソースを必要とする課題が山積しています。ここでも、エネルギー効率の高い計算基盤と生成ＡＩの融合が、イノベーションのカギとなるでしょう。日本の製薬産業や精密機器産業の強みを活かしつつ、生成ＡＩ技術を統合することで、新たな創薬プロセスや医療診断技術の開発が期待できます。

これらの新たな市場において、日本が競争力を維持・強化するために、理化学研究所の松岡聡・計算科学研究センター長は２０２４年10月開催の「ＣＥＡＴＥＣ２０２４」の講演の中で「AI for Science」というアプローチを指摘しており、これは重要な視点です。

つまり、単なる業務効率化のためのＡＩ活用ではなく、分野ごとのドメインサイエンスとＡＩサイエンスの融合によるイノベーションの創出が求められるということです。

日本の強みであるものづくりの技術と先端ＡＩ技術を組み合わせることで、独自の競争優位性を確立できる可能性があります。具体的には、基礎研究から実用化までの時間をＡＩによって短縮することが、日本の産業競争力強化のカギとなるでしょう。

例えば、自動車産業において、生成ＡＩを活用して構造的に実現可能な新しい車体デザインを生成するなど、既存のアセットと先端技術を融合させた新たな価値創造が可能になります。これは、単なる見た目のデザイン生成にとどまらず、工学的な制約を考慮した実用的なイノベーションを意味します。

エネルギー分野自体においても、生成AIの活用は大きな可能性を秘めています。例えば、再生可能エネルギーの効率的な利用や電力需給の最適化、スマートグリッドの制御など、複雑な系統運用の課題に対して、生成AIは革新的なソリューションを提供する可能性があります。日本が強みを持つ省エネ技術や蓄電技術と生成AIを組み合わせることで、世界をリードするエネルギーマネジメントシステムの開発が期待できます。

さらに、エッジコンピューティングの分野でも、日本が独自の強みを発揮できる可能性があります。自動運転車やスマートファクトリー、コネクテッドデバイスなど、リアルタイムの処理が求められる領域では、クラウドに依存しない分散型の情報処理基盤が不可欠です。日本の電機メーカーや半導体企業が持つ技術力と、生成AI技術を組み合わせることで、高効率かつ高性能なエッジデバイスの開発が可能になるでしょう。

このような新しい市場機会を捉えるためには、産学官の連携強化が欠かせません。大学や研究機関における基礎研究の成果を、企業の技術開発や製品化につなげるエコシステムの構築が求められます。また、スタートアップ企業の育成や、大企業とスタートアップの協業促進など、イノベーションを加速するための環境整備も重要です。

人材育成の面では、ＡＩと各専門分野の知識を併せ持つ「ハイブリッド人材」の育成が急務です。大学教育のカリキュラム改革や、社会人のリスキリング支援など、多面的なアプローチが必要となるでしょう。また、グローバル人材の育成や海外からの高度人材の受け入れ促進など、国際競争力の強化に向けた取り組みも重要です。

第6章

鼎談◆「AI×エネルギー」のために今すべきこと

――西山圭太×松尾 豊×岡本 浩

西山 圭太《にしやまけいた》

東京大学未来ビジョン研究センター
客員教授
株式会社IGPIグループ
シニア・エグゼクティブ・フェロー

１９８５年東京大学法学部卒業後、通商産業省（現経済産業省）入省。１９９２年オックスフォード大学哲学・政治学・経済学コース修了。株式会社産業革新機構専務執行役員、経済産業省大臣官房審議官（経済産業政策局担当）、東京電力ホールディングス株式会社取締役、経済産業省商務情報政策局長などを歴任。日本の経済・産業システムの第一線で活躍したのち、２０２０年夏に退官。パナソニックホールディングス株式会社社外取締役。株式会社ダイセル社外取締役。著書に『ＤＸの思考法』（文藝春秋）、共著に『相対化する知性』（日本評論社）がある。

松尾 豊《まつおゆたか》

東京大学技術経営戦略学専攻・
専攻長、教授

１９９７年東京大学工学部電子情報工学科を卒業後、２００２年同大学院博士課程修了。博士（工学）。産業技術総合研究所研究員、スタンフォード大学客員研究員を経て、２００７年より東京大学大学院工学系研究科准教授、２０１９年より教授に就任。２０１７年より日本ディープラーニング協会理事長。２０２３年より現職。専門分野は人工知能、深層学習、ウェブマイニング。人工知能学会からは論文賞（２００２）、創立20周年記念事業賞（２００６）、現場イノベーション賞（２０１１）、功労賞（２０１３）を受賞。２０２０～２０２２年、人工知能学会、情報処理学会理事。経済産業省、文部科学省等の委員も務める。著書に『人工知能は人間を超えるか』（角川ＥＰＵＢ選書）など。

新たな発想で生成AIの活用環境を捉え直す

岡本 浩（以下、岡本）：私はネットワークが専門で、電気のネットワークとモビリティ、水などさまざまなネットワークが交差するところで電力を調整すれば効率よいグリッドシステムが構築できるのではないかと考えてきました。異なるネットワーク間にある相互補完性や相互作用を捉えれば、全体として最適な配置や運用ができるのではないかと思うのです。松尾先生は首相官邸でのGX2040リーダーズパネルのプレゼンでもDX、GXがAIの促進要因になると指摘されましたが、そのお考えを改めてお聞かせください。

松尾 豊（以下、松尾）：AI、デジタルを活用して既存の何かを最適化しようとするとき、データを取得し、最適化手法を使うなり、AIで予測した上で最適化することが必要です。その最適化もコスト面だけでなく、環境負荷を考慮しなければならない。それに加え、世界的に生成AIの開発競争が加速する中で電力需要をどうするのかという課題も出てきた。半導体自体の消費電力を減らす、空調等の最適化をうまくしてデータセンターの発電量を減らすなど、必要な電力を減らすことと、需要調整としてデータセンター自体を止めようと思えば止められる仕組みもあっていい。

実際には、生成AIの推論を中断するのは難しいのですが、生成AIの学習においては、一時中断してもそれほど影響がない。そうすると電力のピーク時を避けて、再生エネルギーと組み合わせて学習させるなど、いろいろな使い方ができるはずだというお話をさせていただきました。

岡本：再生可能エネルギーの余剰時に学習を行い、その知識を推論時に活用するという考え方は、エネルギーとAIの共生関係を示す具体例として示唆に富んでいます。DXを専門にされている西山さんはどうお考えでしょうか。

西山 圭太（以下、西山）**：**情報処理とエネルギー利用を関連づけて全体を捉えようという試みには賛成します。DXとGXとは密接に関係しています。他方それをネットワークという枠組みだけで捉えるのは限界があると思っています。レイヤー（層）の発想、ネットワークが多層になっているという発想が必要でしょう。電気が余っているところで学習させればエネルギーを効率的に使えるという話と、推論をして何かを動かすという情報処理活動は別の場所、レイヤーで起こっていることです。一見、リアルタイムにネットワークをつなげて、どこで何をさせるかということのように見えますが、少し違います。

人間の活動に置き換えれば、都会の大学で勉強した人がその知識を踏まえて、地方の現場で仕事をしているのと同じようなものです。人間の知的活動を含めて最適解の探索の仕方は対処すべき環境によって変わります。それを反映して知的活動や情報処理を分業したほうが効率的です。よりグローバルでマクロなレベルとよりローカルでミクロなものとの分業と言っても良いかもしれません。それを単一のレイヤーのネットワークのやり取りで処理すると負荷がかかりすぎて無

（左）西山圭太氏（右）岡本 浩

理があります。自律分散型の分業をいかに効率的に処理するシステムを構築するのかが問われていくに等しいと言えますね。

岡本：われわれも生成ＡＩの学習はフレキシブルで、どこでも、いつでもできると考えています。一方、生成ＡＩの推論は、答えがすぐにほしくて聞いていることが多いから、いつどこで処理できるかわからなくて回答できません、となってもまずい。となると学習と推論で演算処理する場所が分かれる可能性もありますね。

松尾：はい、そうなると思います。

岡本：推論用のエッジに近いデータセンターとグローバルな知恵を貯める大きいデータセンターに分かれるのかもしれません。もともとＡＩは、世の中をスマートにするためのものです。再生可能エネルギーには季節変動があるという課題も、電力が余っているときに学習させてＡ

Iを賢くしながら世の中全体を最適化することにつなげられるとよいです。

松尾：ただし、今はエヌビディアが利益率70％とひとり勝ちでGPUも高価なので、高コストなGPUを使っている限り稼働率を上げたほうがよくなる。つまりAIはいつでも稼働させないといけないので、再生可能エネルギーに合わせて稼働というほどの余裕はない。そうしたGPUをめぐる状況が解消されると今のような話が現実的に実施しやすくなるかもしれないと思います。

岡本：激しい競争もありますから、GPUがより安価になったり、半導体レベルでの省エネが進む可能性もありますよね。

松尾：エネルギーの面もありますが、冒頭の話にあった異なるネットワーク間にある相互作用も興味深いです。2000年ぐらいに複雑系ネットワークというのが登場した頃、スケールフリーやスモールワールドなど、複数ネットワークのインタラクションを記述するネットワーク理論ができないか、考えたことがあります。ものすごく単純化すると、電気と水道とガスが来ていれば家が建つというように、何らかの相互作用があったり、変換があったりすれば機能するのではないか、と。実際には思ったより難しくて美しい理論にならない。そういう理論は世界中でおそらく誰もやっておらず本当はやりたかったテーマの1つではあり、面白いとは思うのです。

西山：実際のところ、まさに人体はスケールフリーというか、そうなっています。人体の制御とそれを構成する細胞の働きは異なるレイヤーで起こっており、しかもお互いに関係して一種の分業関係にあることは、多分誰も否定できません。そしてそのメカニズム全体を認知的な機能として捉えるべきだというのが最近の生命科学の考え方です。乱暴に言うと、生成AIを活用する情報ネットワークとエネルギー消費を巡って社会全体のスケールで起ころうとしていることも、それと同型のメカニズムだと考えるべきだというのが私の考え方です。それを「データスペース」と名付けています。

データスペースは、従来の産業・組織の枠を超えた新しいデジタル空間の概念です。複数の組織が互いに信頼性を確保しながらデータを自由に流通させることができる新しい経済・社会活動のための空間でもあり、そこでモノづくりなども進められる。物理的にはデータセンターの中などに存在するわけですが。さまざまなサブスペースが構築されて、人間が介在し、ネットワークも介してトランザクションが起こる。さまざまな処理が垣根を越えて計算できることがDXの実現につながるわけです。こうしたマルチスケールのネットワーク概念は、脳神経科学者のカール・フリストンなどが提唱していますが、「細胞レベルの個別の活動」「脳による全体的なコントロール」「各階層間の有機的な連携」といった人体の制御システムをモデルとしています。

松尾：きわめて重要な指摘だと思います。要するに複数のネットワークの相互作用とアーキテクチャをどうつなげていければ最適化が進むのか。そして、それは具体的にどこで起こるのかということですね。

西山：私自身も1つの理屈でさまざまな現象が説明できるというスケールフリーなネットワークの考え方には興味がありました。それをいわば発展させているのが最近の生命科学の動きだと思

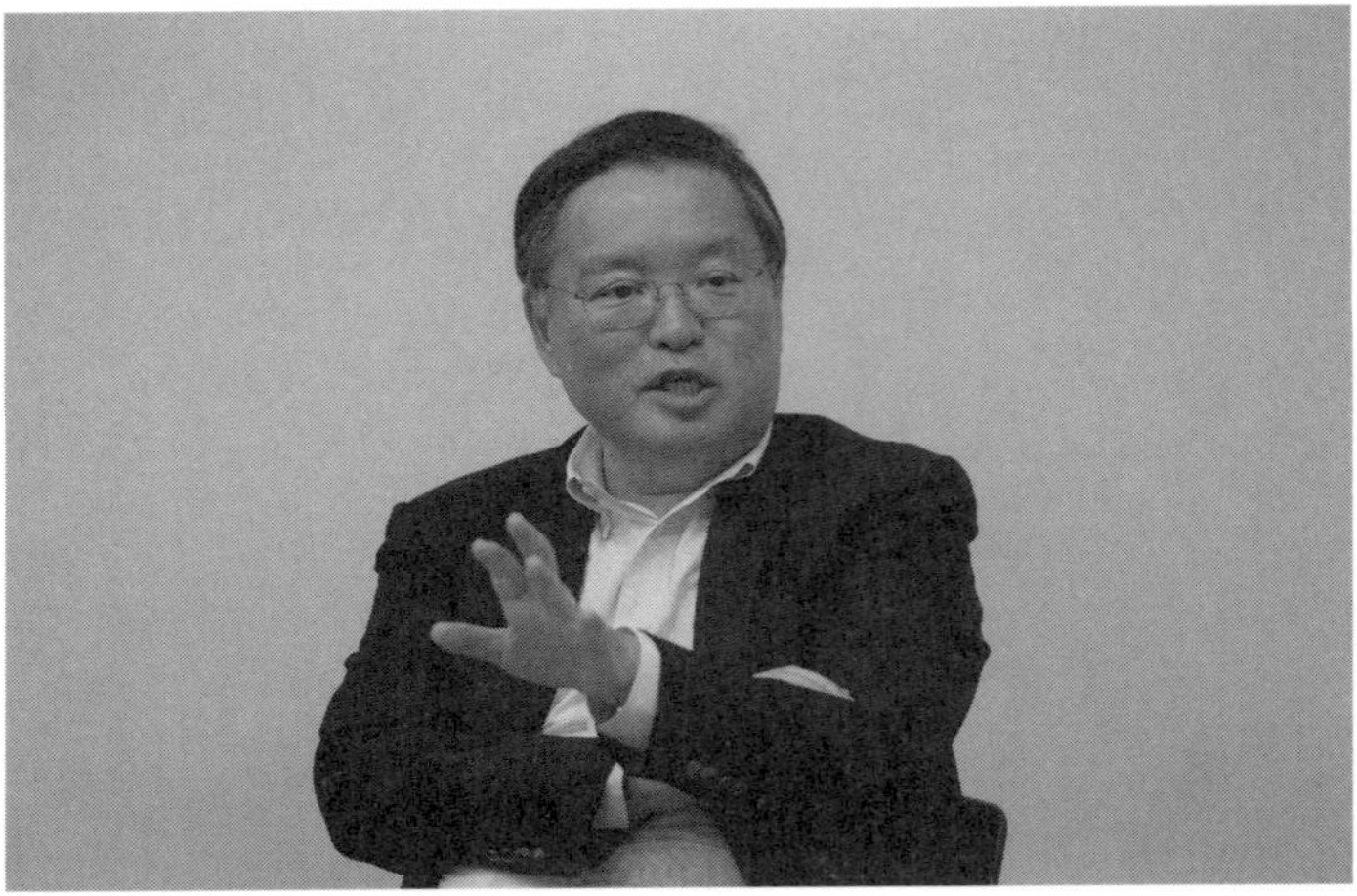

います。つまり細胞レベル、臓器や組織のレベル、人間を含めた個体のレベル、さらにはそれを超えた人間社会などのエコシステムのレベルについて、メカニズム的には似たことが繰り返し現れるという考え方です。しかもそのメカニズムは認知的で情報処理的な機能だが、エネルギー利用の効率性とも関係するとされます。

これについて、最近ある論文で読んだ面白い考え方が、そのスケールフリーの認知的な活動をスペースという概念を使って統一的に捉えようというものです。先ほどのデータスペースという言葉もここからヒントを得ています。スペースというのは、人間でも生命体でもAIでも認知機能の基礎にはベクトル表現があるという考え方で、それを使って生命体は、環境の観察と相互のコミュニケーション、さらには目的への到達という意味でのナビゲーションをしているという発想です。さらにこれをレイヤー構造に結びつけると、上のレイヤーは、下のレイヤーのスペースの形状、いわば等高線のようなものだけを与えて間接的に影響制御していると考えます。それが多層のレイヤーを跨《また》いでずっと繰り返されている、そういう考え方です。

岡本：フラクタルというか、階層構造ということなのですね。データスペースという考え方は、今後のデジタル社会を考える上で極めて重要な示唆を含んでいますね。人体の制御システムをモデルとした多層的なアプローチは、既存の産業カテゴリーや組織の枠を超えた、より有機的なシステム構築の可能性を示唆しています。この視点は、エネルギーと情報ネットワークの統合という新しいチャレンジにも大きな示唆を与えてくれるのでは？

西山：そうかもしれませんね。

業界の垣根を越えて有機的なデータスペースを構想する

岡本：情報も階層構造の横割りでしか処理されないとも考えられるわけですね。DXがご専門の西山さんは、日本のDXは、AIでさらに加速されると思いますか。そもそも日本のDXは社内の効率をどう上げるかという発想が中心のようにも感じます。AIだけを見るのではなく、産業横断的に捉えなければあまり意味をなさないのではないかと思いますが、どうお考えですか。

西山：DXはAIの活用により、ますます業界の垣根を越えざるを得なくなります。データスペースの発想に立てば今あるカテゴリーや産業という枠組み自体が意味をなさなくなります。デジタルツインで記述すると、これまでの垣根を乗り越えて解が計算できるというのがＤＸです。岡本さんたちが考えておられる、エネルギーと情報ネットワークを統合するというのもまさに産業構造をディスラプトしうる新しいチャレンジだと思います。

仮説にすぎないですが、大切なのはレイヤー構造とその瞬間、瞬間のコンフィギュレーション（構成）であるということでしょう。例えば、私が今、手を握りしめているというこのコンフィギュレーションがなぜ起こっているのかというと、私が意識していない部分で細胞の足し算でこのコンフィギュレーションが起こっている。ＤＸやＧＸといった最適化の議論をしようとすると、1つのレイヤーやモデルで表現するのは無理でさまざまな相互作用との組み合わせという関係性に着目しなければならないのです。

例えば、経営計画というのは大雑把なことしか書いていないけれど、ずっと組織の下位に降りていけば、実際に日々の在庫管理をどうするのかという話になる。この在庫管理は経営計画と関係ないかというと大いに関係があるわけです。けれども、ルールでこれを処理して関係づけようとすると、10年間同じことを計画通り遂行するといった旧ソ連の計画経済みたいになって、たちまち機能不全に陥ります。もっとあらゆるサービスをデータスペース的に発想しなければならないわけです。逆に日本ではそれがまだできていません。

岡本：結局、組織論と同じ発想になってしまうのですね。

西山：DXというと組織で今やっていること、今まで紙やアナログで処理してきたことをコンピュータでやります、電子化します、それがアナログからデジタルへの改革なんですという話になりがちで、本質をとらえることができていない。

最近聞いた事例ですが、航空機の自動操縦システムと機長の操作マニュアルを統合するというケースが興味深いです。機長は以前なら黒いケースに山ほど航路図を入れてコックピットに持ち込んで操縦していたけれど、今は全部タブレットPCに入っている。一方の飛行機のほうも自動操縦システムを備えている。それらを結びつけているのが要はデジタルツインであり、データスペースなんです。航路環境を表現する1つのデータスペースをつくり、そこから機長は操縦する立場からどういうふうに情報を取り出して操縦の判断に使ったらいいか、逆に機体は同じデータスペースから自動操縦に必要な制御情報をどう取り出し、どのようにセンシングをしてナビゲーションするかを設計する。

つまり元々黒い大きなカバンに入っていた紙ベースの航路図を電子化しようという発想とは全く違うわけです。飛行機の操縦に必要なデータと情報処理の全体集合があって、乱暴に言うとそれを機体と機長で分業するとしたら、機長にはどのようなインターフェースでどのような情報を与えたら良いか、という発想でタブレットの仕様が決められているわけです。例えば、電子カルテに求められる発想もそれと同じことになるはずですが、日本ではそうした発想が足りないと感じます。

岡本：本書のテーマに照らし合わせれば、単なる消費電力の最適化という従来の文脈を超えて、生成AIの学習と推論を異なるレイヤーで捉え直すという発想につながっていきますね。不可欠な考え方だと思います。

松尾：先ほどのレイヤー構造に関連した余談ですが、僕は昔から最適化するのが好きなんですね。ただし、根拠はないですが理系と文系の差というのは関係があるとずっと思っているのです。要するに理系というのは、問題が定式化されると強い。つまり、問題を定義する軸や次元が決まった後に最適化するんですすね。一方で、その次元を決めるのは大体、文系だったりするのです。なんと言いますか、文系の方《かた》はちょっとだけ偉そうなのです。でもそれが1つのレイヤー構造かもしれません。

岡本：それがレイヤーですか、なるほど。

西山：なぜそうなるかと言えば、概念をつくる人が立場上強くなってしまうんですよね。社会で広く通用する概念は昔から文系がつくってきた。今は、むしろディープラーニングで使っているような理系の概念で社会を規律したほうがむしろ有効だと思っていますが、それに気づいている私は文系だということもあります（笑）。

勝ち筋なき日本は、これからどう巻き返せるのか

岡本：松尾先生と私は同じ研究室出身なので、ネットワークを見て最適化したくなるというのはよくわかります。少し話が飛んでしまいますが、今の日本のＡＩにまつわる事情を考えると勝ち筋というのはあるんでしょうか。

松尾：ＡＩ戦略会議の座長も務めさせていただいていますからそういうことは意識しています。ただ、勝ち筋というのはまずないと思っています、それはなぜかと言えば、勝つための法則があるのなら、本来は負けていないからです。勝っている側は負けている相手に、そういう手が発生しないようにいろいろ策を打つわけですしね。

すなわち、基本的に負けているということはもう八方塞がりで、どこからいってもいけないという状態が負けているということであり、日本のデジタルは今そうなっている。だから厳しいとも思っています。

一方でそこからどう巻き返したらいいかを考えないといけない。僕は将棋の例えをよく使いますが、評価値が悪いなら悪いなりに最善手があって、最善手を指していると評価値はそんな下がらない。そこで悪い手を指すと一気にガクッと下がって詰みが生じるのですが、弱いなりに最善手を指していると評価値が崩れず、そのうち何が起きるかというと相手がたまにミスをするのです。それで、相手がミスをしたときに評価値はぐっと上がるのです。つまり、日本は弱いなりにやるべきことをやっていくうちに、どこかで勝機が出てくるかもしれない。そうすると生成ＡＩに関しては、例えばＧＰＵやデータセンターを増やすとか、開発者も増やすとか、利活用を促進するとか、その中で電力不足を解消することも重要な最善手の1つです。当然やっていくべきことを淡々と弱いなりにやりながら、忍耐をもって相手をうかがう。

岡本：なるほど。現状以上に決定的には負けないようにすれば、もしかすると……という。

松尾：そうですね。で、もしかすると、というチャンスのタイミングは待っていれば来るのです。僕は昔からスポーツもギャンブルも勝負ごとは好きなんですが、基本的には勝負ごとのコツは単純だと思っています。淡々とやることと、勝負どころで一気にしかけることのメリハリをつける。できるだけエネルギーを使わず感情的にも高ぶったりせずに、淡々とやり続けて、勝負どころだと思ったときに一気に仕掛ける力を温存するということですね。

岡本：勝負となったら一気に出せるかどうかですね。

松尾：はい、その通りです。これからは生成AIの活用フェーズです。ロボティクスや工場現場だとか生産拠点などに徹底的にユースケースをつくり続ける。それで当然、社内のデータやシステムがボロボロだとわかってきますから、そこをまた直していきましょうとなる。そういうことを地道にやるだけだと思うんですね。加えて、皆さんがあまりベストプラクティスを共有しないので、「こうやったらうまくいった」「こうやったらうまくいかなかった」という成功事例のようなものを共有していくとか。実は目新しい話ではないところにこそチャンスは眠っていると思います。

あとは、質のいいデータを整備することも重要です。現状の大規模言語モデルの戦いは技術や

（左）松尾豊氏

アーキテクチャではなくデータづくりの戦いになっているところがあります。英語圏のデータを整える作業は途上国で安価に行われていて、新たな搾取の構造すら見え隠れするほどです。

岡本：昔の日本は、例えば明治維新で一応近代化したといっても、圧倒的に西欧と差があるところからスタートしている。当時は情報も少なかったけれど、なんとか食らいついてやろうとして、基本的にはがむしゃらに模倣するということがあった。おそらく、今まさにそこでふるい落とされないために必死にやるべきステージということですね。

松尾：そうですね。AIの使用もそうだし、開発も必要です。やっぱり自分たちでつくってみようと。規模は小さくても自分たちできちんとつくってノウハウを貯めていくことも同時にやっていくということですね。

岡本：なるほど。小さいし、負けるから意味がないという考え方ではないのですね。

松尾：ええ。トヨタのような世界的な自動車メーカーも、日本の自動車産業の黎明期は弱かったと思います。おそらく、それでもやっぱり自分たちでつくろうとクルマをつくった。そもそもつくらないと逆転もできません。テクノロジーというのはきちんと自分たちで理解することが大事ですし、できるだけ1回はつくってみましょうということです。つくるのは諦めて、使うほうに全振りしたらよいという人もいますが、僕は戦略というのは決める必要がないときまで、決めてしまわなくてよいと思っています。ですから両方やればいいと思いますし、そこで何かリソースが競合してくればその段階で初めて意思決定すればよい。活用と開発は、全然違うプレーヤーがやっていますから、両方やったらいいんじゃないかなと。

岡本：開発やるのは無駄だよねということはないんですよね。勇気がもらえますね。

松尾：そう思います。手前味噌になるのはよくないですが、このところの早い動きの中で、日本としては悪い手は打っていないと思っています。差が縮まっているとは言えませんが、離されている感じもしないです。むしろビッグテックや米国のスタートアップが無理をしすぎているようにも見え、危うい印象もあります。他国と同様、着々と日本もキャッチアップというか、やるべきことをやっているという感じはします。

岡本：好守というかよい手を打ち続けると。先ほど、GPUの話になりましたが、GPUというのはもともとグラフィック（画像）のプロセッサーで、まさしくグラフィックス処理に適しているわけですが、それ以外のところもひっくるめて機械学習に使うのは、どうなんだろうかと思うのです。もしかしたら非効率ではないかと。そこは別のアーキテクチャがよいかもしれず、先ほど話題になったある種の階層構造が脳の中にできているわけだし、そういう処理を模す方がよいのではないかと感じます。実際には層ごとにハブとなるニューロンである種の情報集約が起こっているはずです。つまり、脳のニューロ・シナプス結合は階層構造を持ちつつ、全体として非常に疎（スパース）な結合であるため、現在主流になっている密結合型の深層ニューラルネットワークとは異なる、階層型で疎結合のニューラルネットワークを脳を模してつくり、その処理に適したプロセッサーを用いれば、演算スピードも上がり消費エネルギーは下がる。だとすればまだできることはたくさんあるような気がするのです。

松尾：そうですよね。ニューロ型の半導体というのもありますがそれもちょっと違います。いずれにせよ、既存の半導体の技術でどうやって効率的につくるのかというのは今のところは謎ですね。

岡本：そう。シナプスの可塑性みたいなことですね。私たちが思いついているということは実はなにかある可能性がありますけど。

松尾：そうなんです。でもそれをつくるにはエヌビディアと違う方向から山を登るというか、そういうレベルのチャレンジが求められる話ですが、ものすごく大事だと思います。実は、あまりそのような切り口で議論している人はいないのでは。

岡本：最近、そのことに気づきましてそこを掘ったほうが面白いと思っています。今のアーキテクチャで日本企業がエヌビディアと競争しても、超えられないですから。

松尾：はい、そうだと思います。その際、希望的観測で現状を歪めるのは止めないといけない。現状は現状で冷静に見なければいけません。もしテクノロジーが大きく変化したとしても、そこで日本が勝つというのは希望的観測にすぎない。いざ、テクノロジーが大きく変化したとしたら、実際には、もう1回サイコロが振り直されるだけで、そのときには当然強いプレーヤーはまた強いという可能性が高い。大事なのは、サイコロが振り直されうるということです。そこにチャンスがないかというと、ないこともない。チャンスに出会う機会をどうやって高めていくのかということには取り組んでもよいと思います。

岡本：そこで負け犬のようにならないということですね。相手のほうが圧倒的な資金力でガンガンやってくるけれど、工夫してやってみようと思ってやり続ける。そういうことですね。松尾先生がご指摘のように現状の「勝ち筋のなさ」を冷静に認識しつつも、最善手を打ち続けることで着実に実力を蓄え、チャンスを待つという姿勢は説得力があります。既存のGPUアーキテクチャとは異なる、より効率的な処理方式の可能性を探るという方向性も、日本の技術力を活かした独自の展開の可能性につながります。

松尾：ラグビーでも、日本が南アフリカに勝ったように、番狂わせのジャイアントキリングがたまに起こります。それは、徹底的に自分の強みと弱みを見つめて、どうやったら相手の弱いところを突けるかを究極まで考えてやり切って、たまに勝つことがあるという感じだと思うのです。そのためには、冷静な現状認識が欠かせません。

岡本：まず現状のギャップの大きさとか、何がまずいかを冷静に見つめて、焦ったり怒ったりではなくクールに手を打ち続ける、そういう勝負師が求められるのですね。

松尾：そんな感じですね。

産業別AIモデルは機能するのか

岡本：よくある1つの仮説としてはいろんな産業がフルセットであり、アプリケーションの分野ではすごく多様な可能性がある。いろんなところでそれぞれやり始めているというメリットがある半面、先ほどの西山さんとの話に戻すと、逆に言えば既存の枠組みに閉じたサイロみたいなものがたくさんあって、サイロ向けに最適化したAIをいっぱいつくろうとしている。これも電力から見るとどうなのだろうかとは思います。

松尾：西山さんがデータスペースの議論でおっしゃるように、大体物事のうまくいってないところははっきりしていて、縦割りの構造や既存の分類が古くなっているということでしょう。それ自体がそもそも変わるものという前提でつくられていない、そういうアーキテクチャ的な思考がないところに原因があるというのはその通りかもしれません。それをどうやって広げていくのか

が問われます。

岡本：僕も、そこをどういうふうにするのがいちばんよいのかな、と思うことがあります。結局のところ、当たり前の答えかもしれませんが、教育が問われるというところもあります。

松尾：そうですね。実際にいろいろと活躍されている方ほど何か既存の領域を超えて考えられていますし、今はそういう方ほど活躍されていますよね。

岡本：既存の領域を超えて考えたほうが簡単に答えが出ますよね。それが視《し》野《や》狭《きょう》窄《さく》になると、どんどん答えがじり貧になってくる。一方で俯瞰して見直してみたら「もしかしたら、こうすればいいんじゃないの」となる。それで、僕たちは現場に肉薄していかなきゃいけない。

　以前、西山さんによく言われたのですが、現場に肉薄するといったところで現実を知ることは大事だけれど、そこにパターンを見出す訓練をしていないと、ただそれだけ見てきて終わってしまう、と。だから100の現場で100のソリューションを見つけなければいけない。よく見ると、○○はあそこで起きている△△と似ている、とひらめいた瞬間に、ここで知ったことが実はいきなり100倍にレバレッジして、いきなり新しいソリューションにつながる。そういうのが理想的なのだろうとは思うのですが。

松尾：常にこれはこうなるんじゃないかと予測し続けるのは大事です。そのために仮説をつくらないといけないのです。すると予測が当たった、当たらなかったということは常に起こります。予測が当たったとすれば、その予測のもとになった仮説は多分正しいのではないか、となります。それがまた別の折に、違う現象を観察して、同じ仮説から言えることだとすれば、その仮説の信憑性はさらに上がります。そういったことをひたすら繰り返していくと、だんだん物事がきちんと構造化されて見えてくるということもあるでしょう。

身体的な動作で言えば、大谷翔平さんのような運動神経のいい人ほど、そういうことをやっているのではないかと思います。練習時間は、人より10倍、100倍には増やせないけれども、常に体がどう感じるか、ボールがどこにいくか、人がどう動くかなど、いろんなことを予測しているのではないかと。それゆえに、その予測が当たる、当たらないということから、仮説を修正したり、構造を学習したりする力が他の人よりも高いのではないかと思ったりします。だからこそ、少ないサンプルで効率的な学習ができるわけです。それは人工知能の分野では、自己教師あり学習（Self-Supervised Learning＝SSL）と言われるもので、今の大規模言語モデルのベースになっている考え方と同じです。

岡本：少し違うかもしれないですけど、サッカーでもすごい選手というのは、観客がスタジアムを上から見ているように全体を把握していて、並の人はボールだけを見ていると言われたりしますね。要するに自分の目の前にあるものと空間や環境を組み合わせてどうとらえられるか。先ほどの西山さんのデータスペースの話にも通ずるところがあります。

松尾：同じことでしょうね。

岡本：逆にそういう感覚は、子どもの頃から鍛えればできるような気もしますね。

松尾：そう思います。組織内でも、何か予測をしろと強制すれば、多少はそういう発想や思考が鍛えられるのではないでしょうか。

岡本：そういう訓練や練習は、続けているとそういう思考が身についていくと。

日常の中で仮説検証し、思考実験を重ねればよい

松尾：卑近な例ですが、試みに始めていることがあります。まだ始めた段階で、効果的かどうかもわからないのですが。僕が今、スタッフのチームに言っているのは、議事録を取るときの注意点です。いろんなチームに出かけてミーティングの様子を聞かせてもらって議事録を取りなさい

と。議事録を取った中でこれはうまくいくとか、うまくいかないと思う自分なりの予測を付記して、それを残していきなさいと言っているんですね。

岡本：なるほど。議事録もＡＩでまとめてくれるようになった時代にあえて議事録を取れと。

松尾：そうですね。ポイントは予測を付記することです。すると何カ月かして答え合わせができるようになります。議事録を取った数カ月前にはなぜそのように思ったのかとか、何が間違っていたのかなどと、振り返ることを習慣化していくのです。すると、予測をして、その結果がどうかがわかるわけですから、擬似的に意思決定をしているのと同じ効果があるはずだということです。効果は分かりませんが、まだ始めたばかりです。

岡本：なるほど。自分でもやってみようかなと思います。これはうまくいかない、うまくいくと、書いてみて後で見直したらどうなっていたか、直感的な判断の答え合わせですね。

松尾：ちゃんと書いておかないと、おそらく多分みんなごまかしてしまいます。

岡本：みんなうまくいくと思いますと言うんですよね。議事録は、別に手書きとかじゃなくてパソコンで取ればいいですね。

松尾：ええ、そうですね。

岡本：そこに付記をして予測して、結果として、こうなった、と。よい仮説にたどり着く最初のひらめき自体は、そのときに任せればいいんですかね。

松尾：普通、仮説というのはたくさんあります。その中には些末な仮説となかなか有望な仮説と

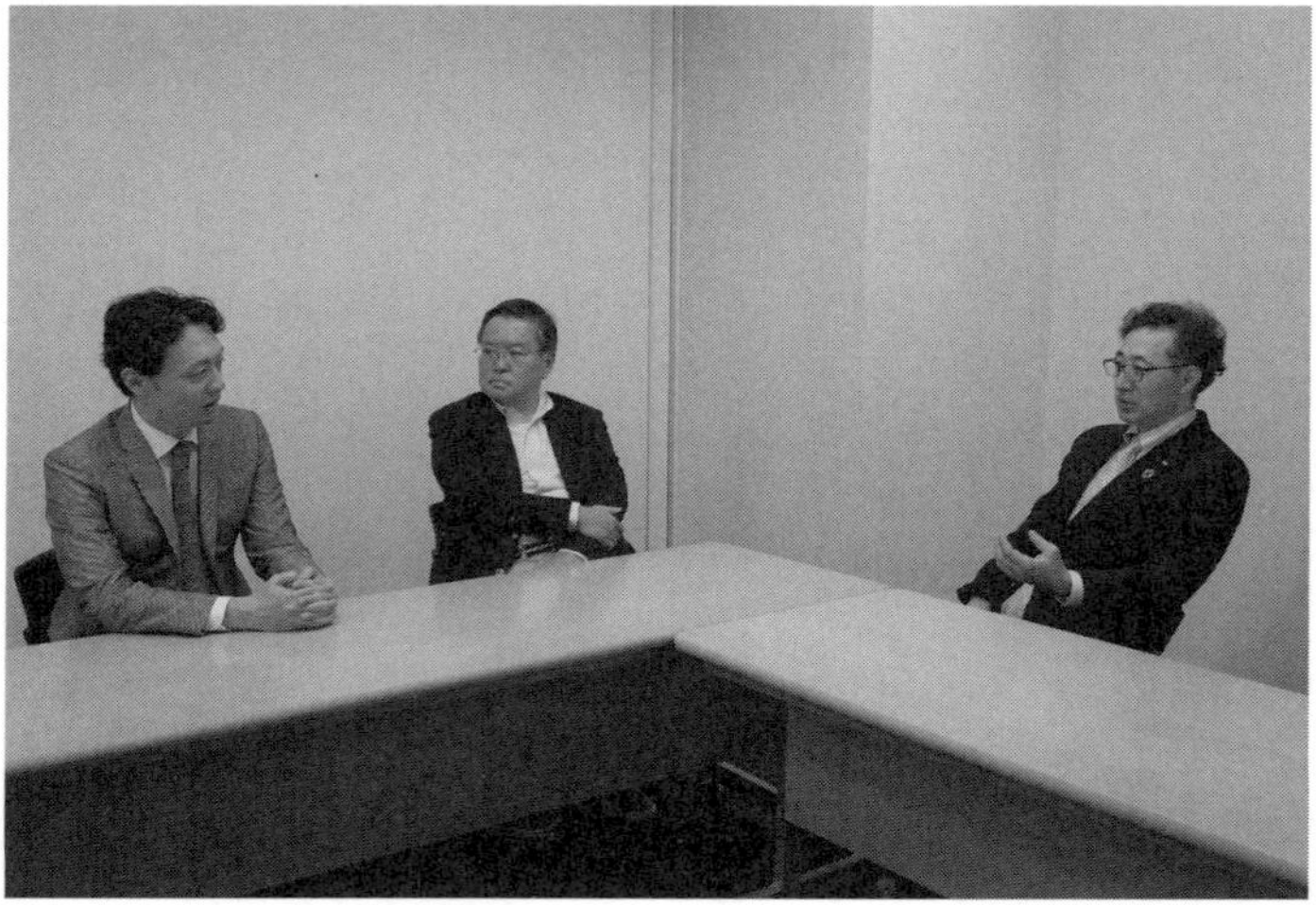

いった具合にランクがあり、それが何らかの状況証拠によって上がったり下がったりする。そんなイメージだと思います。科学的な実験と同じですが、この現象が起こるということはこんなことが起こっているからじゃないかというのが、いろんなパターンで考えられる。でもそれがまた次の条件に当てはめると違うのかどうか。

要するにアインシュタインの相対性理論であれば、相対性理論が正しいとしたら、光が曲がるはずだから日食のときにこういう観測ができるはずだと予測して当たったらそれが正しい。だから自分なりの仮説をつくって、予測して当たると、ほぼ正しいという体験は日常生活でもたくさんあります。そういう体験を積み重ねることで、物事の裏側にはこういう因子があるんだなとか、ここには因果関係があるんだなというふうに考えていくことが習慣になれば、新しい発見にも少し近づきやすくなるのではないかと思っています。

岡本：生成AIとエネルギーの関係性について、技術的な側面だけでなく、社会システムの設計や国家戦略までを視野に入れた包括的な議論になったと思います。今後の方向性を考える上で重要な示唆をいただきました。ありがとうございます。

第7章

懐かしい未来を生きる

――人間中心主義を超えた宇宙・自然との調和

人新世からノヴァセンへ

今日、私たちはAIの急速な進化を目の当たりにしています。その進化の中心にいる新興勢力がオープンAIとアンソロピックです。アンソロピックはオープンAIの有力なライバルとして知られていますが、その社名にはある意味が込められているのではないかと想像します。「アンソロピック」という名称の由来について同社は明らかにしていないようですが、現代が人類の活動によって地球環境が大きく変容した時代であることを示す「人新世（Anthropocene《アントロポセン》）」を彷彿とさせるものがあります。

人新世という概念は、人類が地球環境に与える影響が地質学的なスケールにまで達していることを表現するものですが、現代におけるAIの発展は、新たな段階に入りつつあります。歴史学者のユヴァル・ノア・ハラリは、ベストセラー『サピエンス全史』（河出書房新社）の続編である『ホモ・デウス』（河出書房新社）において、人新世におけるAIの台頭がもたらす社会の分断について警鐘を鳴らしています。

ハラリによれば、将来の社会はAIを支配・制御できる少数のエリート層と、経済的価値を失った「無用者階級」に二極化する危険性があるとしています。さらに彼の新著『N

ＥＸＵＳ 情報の人類史』（河出書房新社）では、ＡＩと人類の関係性についてより詳細な分析を展開しています。

日本において人新世という概念を広く知らしめた斎藤幸平著『人新世の「資本論」』（集英社）は、現代の環境危機と資本主義の関係性を鋭く指摘しました。興味深いことに人新世を象徴する技術としてのＡＩの発展そのものは、資本主義システムによって推進されています。大手ＩＴ企業とＡＩスタートアップ企業の間で繰り広げられる開発競争と巨額の資本投資は、まさにその典型と言えるでしょう。

一方でこの流れとは一線を画す動きもあります。メタのラマ（Llama）に代表されるオープンソース型の生成ＡＩ技術の台頭は、ＡＩの民主化やコモンズ化の潮流を生み出しています。これは、ＡＩの発展が必ずしも巨大資本の論理だけではないうねりになっていることも示しています。

このような状況において、ガイア理論で知られるジェームズ・ラヴロックの最後の著作『ノヴァセン』（ＮＨＫ出版）は、極めて示唆に富む視点を提供しています。ラヴロックは、人新世の次に来る時代を「ノヴァセン」と名付け、そこではＡＩと人類が共生する新たな地球環境が形成されると予測しています。

現在、汎用人工知能（ＡＧＩ）の実現が現実味を帯び、さらにソフトバンクグループの孫会長のように人工超知能（ASI）実現を確信する立場もあります。シンギュラリティ（技術的特異点）という概念の認知度を高めたレイ・カーツワイルは『シンギュラリティはより近く』（NHK出版）でシンギュラリティの実現を前提とした未来を描いています。

こうした中でラヴロックの視点は特に重要性を増しています。彼の提示する世界観では、地球上のあらゆる存在、すなわち微生物から植物、動物、人類、そして機械やAIまでもが平等な関係性で扱われ、宇宙規模の生態系が育まれると捉えています。こうした文脈と本書で提示するMESH構想は、AIと人類、そしてエネルギーシステムを統合的に捉え、持続可能な未来の実現を目指す具体的な取り組みでもあります。

AI技術の進展は、私たちに大きな変革をもたらすと同時に、重要な課題も提起しています。技術の発展と資本の論理、民主化の動き、そして環境との調和という複数の要素が絡み合う中で、私たちは何を選択すべきなのでしょうか。

これからの社会では、AIの発展がもたらす恩恵を最大限に活用しながら、同時に技術の民主的なコントロールと環境との調和を図っていく必要があります。そのためには、AIを単なる技術革新としてではなく、地球環境と人類社会の共進化における重要な要素として捉える視点が重要となるでしょう。

MESH構想は、そうした方向性を示す具体的な取り組みの1つとして位置づけられます。私たちは今、ラヴロックの指摘する通り、人新世からノヴァセンへの移行期にいるのかもしれません。

懐かしい未来

AIの進化は人間に代わって仕事をするAIエージェントによる著しい生産性向上という「光」の一方で、エネルギー消費の急増という「影」を同時にもたらしています。AIが社会をよりスマートにするためのものであると想定すれば、これからのあり方は「より少ないものから、より多くを生み出す」という原則で考えることが必要でしょう。そのために私たちには何らかの行動変容が求められます。本書の結びの章として、自然を征服するためのテクノロジーではなく、テクノロジーを正しく進化させるために自然からより多くを学び、自然と共生していくことを社会の目標とすることを提案してみたいと考えています。

「懐かしい未来」――。

この一見矛盾した言葉には、重要な示唆が込められています。先述した通り、最新のA

ーは人間の脳の仕組みを模倣し、次世代モビリティは生物の動きから学び、再生可能エネルギーの活用は自然のリズムとの調和を求めています。

人類が科学技術によって築こうとしている未来は、実は私たちの体の中や自然界にすでに存在する叡智の再発見なのかもしれません。

私たちが目指すべきは、技術による自然の「支配」でも「克服」でもなく、むしろ自然の叡智との「共生」や「調和」でしょう。それは、人間中心主義を超えて、宇宙や自然の一部として生きる新しい、しかし実は懐かしい生き方への回帰とも言えます。

技術の進歩は、私たちを自然から遠ざけるのではなく、むしろ自然の深い理解へと導く道具となりえます。人体のアナロジーで捉えた社会の「神経」「血管」「筋肉」は、実は生物の進化が38億年かけて獲得してきた驚くべき叡智の再発見でもあったのです。さらに、その叡智は単なる効率や利便性を超えて、持続可能性や生命との調和という、現代社会が直面する本質的な課題への答えを示唆しているのです。

本章では、この「懐かしい未来」の具体的な姿を、以下の観点から探ってみます。

❶ 技術の共進化――デジタル・エネルギー・モビリティの三位一体的発展

②生物からの学び――情報処理と動力システムにおける自然の叡智
③自然との共生――季節のリズムに寄り添う新しい社会システムの構築

これは単なる技術論ではなく、人間とは何か、技術とは何か、そして私たちはどこに向かおうとしているのかという根源的な問いへの探究でもあります。

共進化の先にある技術的特異点

レイ・カーツワイルが２００５年の著書『ポスト・ヒューマン誕生：コンピュータが人類の知性を超えるとき』（ＮＨＫ出版）で、技術的特異点の概念を具体的に述べて以来、その議論は活発になりました。カーツワイルの理論は以下の５つで成り立っています。

①収穫加速の法則――技術の進歩は指数関数的に加速する
②２０４５年問題――２０４５年頃にシンギュラリティが到来する
③ＡＩの超知能化――人工知能は人間を超える超知能（Superintelligence）を持つ

4 人間と技術の融合――人間の知能、意識、生命が技術と融合する可能性がある

5 社会の劇的変化――シンギュラリティの到来で人類の文明は不可逆に激変する

この理論は、AIの急速な進歩により人類社会が根本的に変革される可能性を示唆しており、現在も広く議論されています。そして、この予測の実現可能性や影響については、専門家の間でも意見が分かれていることには留意が必要です。

一方、AIの進化はカーツワイルの予想通り、あるいは予想を上回るスピードで続いているように見えます。カーツワイルの理論のベースにあるのは、半導体の集積度が2年で倍になるという「ムーアの法則」です。

このような半導体の加速するパワーを、クラウドコンピューティングで柔軟に必要なだけ活用できるようになったため、単体の半導体性能の向上を超えて、AIが進化していると考えられます。多くのAIアプリケーションで使われるディープラーニングやニューラルネットワークはクラウドコンピューティングによって実現したのです。

それだけではありません。人類や生物進化の歴史を見ると、遺伝子の交差と突然変異、そして適応というプロセスを通じてさまざまな環境変化に対応しつつ、生物は常に進化してきました。進化の歴史に関わる情報は遺伝子に蓄積されています。

図17　3つの領域の共進化プロセス

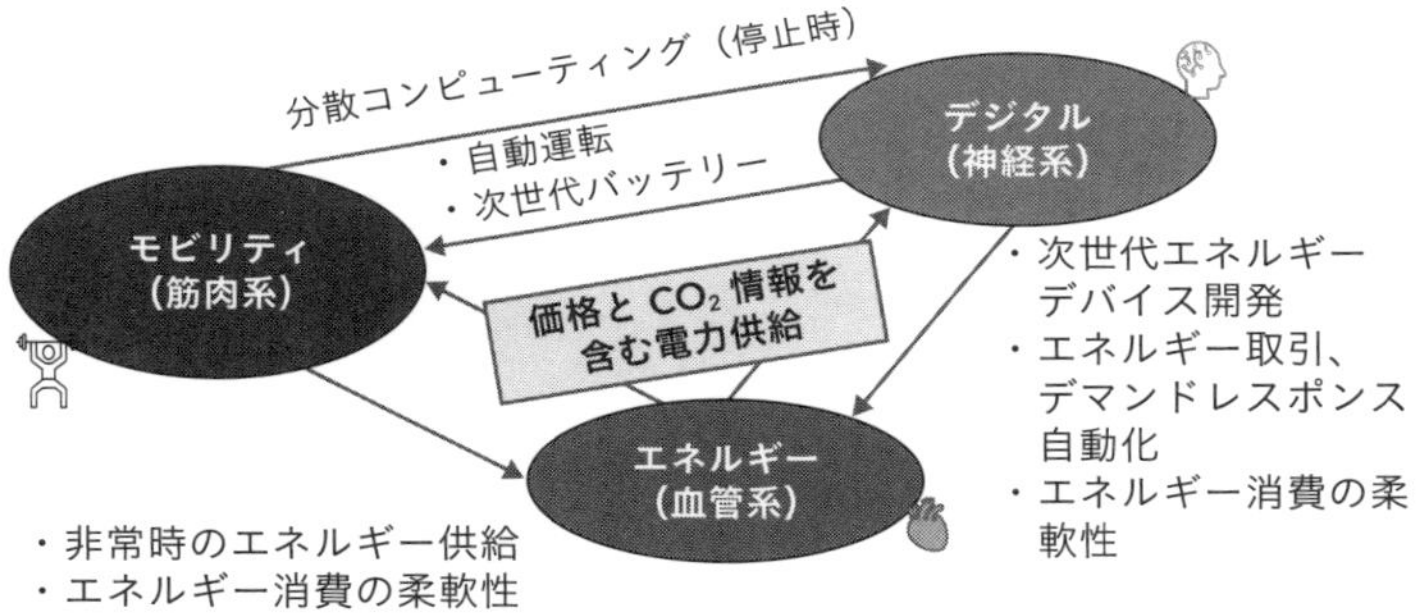

出所：筆者（岡本）作成

人類が「社会の遺伝子」とも言える文字やコンピュータコードを発明したことで、文明の進歩のプロセスは加速し始めています。文字やコードに残されるナレッジ（知識）は、私たちがさまざまな試行錯誤に失敗しても成功しても必ず獲得されるものなので、試行錯誤が進むほどに人類の持つナレッジは蓄積されて増加する一方です。

この試行錯誤の繰り返しを加速するのがアジャイル開発です。これは、短いサイクル（イテレーション）ごとに計画、開発、テストを繰り返し、変更に柔軟に対応するものですが、アジャイル開発のサイクルに、ＡＩが人間の代役を果たすエージェントとしてコードの自動生成やレビュー、テストの自動化に参加し始めており、開発スピードがさらに早まっているのです。

先述したように、第二次産業革命では電気の供給側と利用側の双方でイノベーションが生じた結果、産業革命と石油へのエネルギー転換が同時に起きました。この過程はモータリゼーションと電気技術の共進化でもあります。新たなテクノロジーをつくる側と使う側で共進化が生じることは、テクノロジーのスパイラルアップによる社会進化の原動力になると言えます。

歴史にならえば、これからの世界では「デジタル（ＡＩ・ブロックチェーンなど）」「エネルギー（電力システム）」「モビリティ（電脳モビリティ）」の３分野に共進化が起きると考えられます。少し具体的に、デジタル・エネルギー・モビリティが共進化していくプロセスで、それぞれが果たす役割を考えてみましょう。

２１７ページの図17は、デジタル（神経系）・エネルギー（血管系）・モビリティ（筋肉系）の三領域が互いに影響を与えながら進化していく様子を示しています。それぞれの領域は独立して発展するのではなく、他の領域の発展を促進し、また他の領域からの影響を受けて進化していきます。

この相互作用が、全体としての技術的特異点への動きを加速させていくのです。以下ではさらに詳細に相互の関係性を見ていきましょう。

❶ デジタルシステム（ＡＩ・ブロックチェーン）＝神経系

ＡＩはＡＩ物理学によって材料開発を促進します。ＡＩ物理学とは、物理学の法則や原理をＡＩに学習させ、新しい材料や化合物の特性を予測し、設計する手法です。従来の試行錯誤による材料開発プロセスを大幅に短縮し、効率化することができます。このため、次世代エネルギーデバイスの開発が加速されます。

さらにすでに述べたような経済的なデマンドレスポンス（ＤＲ）などのエネルギーマネジメントを自動化し、スマートコントラクトによって電力取引を自動化することができます。またAI演算処理やスマートコントラクトのためのハッシュ演算処理が柔軟なエネルギー需要となり、経済的なDRを拡大する効果も生まれます。

ちなみにスマートコントラクトとは、「もし～ならば、～する」というルールをブロックチェーン上に記録したコンピュータプログラムで、人手を介さずに自動で実行する仕組みです。

❷ 電力エネルギーシステム＝血管系

エネルギーマネジメントは、AI物理学がもたらす次世代の太陽光発電や次世代バッテリーが有効に活用され、脱炭素エネルギー（ベースロード電源と変動電源の組み合わせ）が社会において有効に活用するように機能します。

その際、ワット・ビット連携により、グリッドの混雑状況と需給状況を反映した電力取引の価格シグナルとCO_2情報も付加したエネルギーが、サイバー・フィジカル空間の両方に提供されます。それによりサイバー・フィジカル融合が進み、社会全体のエネルギー消費行動も変わります。加えて、AIとブロックチェーンによる柔軟なエネルギーマネジメントと電力取引も自動的に行われるようになります。

❸ モビリティシステム＝筋肉系

モビリティについてはすでに述べたように電動化と自動化が進みます。電脳モビリティの普及はＡＩ物理学を活用したバッテリーの開発を加速させます。またモビリティとして移動していないときには、自動運転のためのコンピュータが分散コンピューティングとしてスマートコントラクトの実施などに使われ、バッテリーを地域のエネルギーの過不足の調整のために使うこともできます。さらに自動運転される電脳モビリティは、デジタルやエネルギーなど、さまざまな社会インフラの自動点検にも役立ちます。

デジタル・エネルギー・モビリティの共進化は、さまざまなグローバルな文脈において異なる形で発現するでしょう。

先進国では、既存のインフラの最適化と効率性の向上に重点が置かれるかもしれません。新興国では、従来の開発段階を飛び越え、高度な分散型エネルギーシステムの迅速な展開が可能になる可能性があります。

例えば、アフリカではモバイル決済システムがすでに金融包摂に革命をもたらしていますが、同様にＡＩ駆動のマイクログリッドがエネルギーへのアクセスを変革する可能性もあります。

アジアでは、人口密度の高い都市部がこれらの技術をスマートシティ構想に活用する可能性がある一方、南米では広大な再生可能資源の統合を支援する可能性があります。このような地域ごとの応用の多様性を確保するため、グローバルなエネルギー転換における柔軟で適応力のあるアプローチが必要です。

そのためにもデジタル・エネルギー・モビリティの三領域は、それぞれが独立して進化するのではなく、互いに影響を与えながら三位一体となって発展していきます。三領域の共進化は、AIを主体とする社会的知能に関する技術的特異点の議論をさらに強化するものです。それぞれの領域の進歩が他の領域の発展を促し、その進歩がまた元の領域の発展を加速させるという好循環が生まれることで、スパイラルアップにより技術的特異点の実現が近づく可能性もあります。

この枠組みの中で、テクノロジーは人間の努力の代替となるものではなく、人間の生理学的および知的機能の延長として機能します。カーツワイルの技術的特異点の議論は人間の意識とAIの融合をも想像させます。

技術的特異点が近づくにつれて、人間は何のために生まれてきたのか、AIとはどこが違うのかといった哲学的思索や、テクノロジーを世界の進化と向上のために活用し、破壊と殺戮《さつりく》のために使わないようにする倫理的配慮が極めて重要になっています。

人間の本質的欲求

技術的特異点の議論は、しばしば人間の能力や存在意義への問いかけを伴います。AIやテクノロジーが急速に進化する中で、改めて問われているのは「人間とは何か」という根源的な問いです。この問いに向き合うために、まずはエネルギーにまつわる人間の本質的な欲求について考えてみましょう。

エネルギー専門家の古舘恒介氏は著書『エネルギーをめぐる旅』（英治出版）の中で、一般的な霊長類の脳が生命維持に必要なエネルギーの13％を消費しているのに対して、高度に発達したヒトの脳は20％を消費していることに着目しています。ヒトが火を使った調理を始めたことで、火の持つエネルギーを間接的に体内に取り込み、自然に許容される範囲を超えて脳が肥大化したと考えられます。つまりヒトの脳には「より賢くなりたい、そのために、より大きなエネルギーを得たい」という本質的な欲求があるというのです。

人類は火の発見により、初めて自然界のエネルギーを制御し、それを知的活動に転換することを学びました。その延長線上に現代のAI開発があると考えられます。火の使用が人類の進化に寄与したように、AIも私たちの知的能力を拡張する可能性を秘めています。このAIブームがさらに大量のエネルギーを必要としていることを考えれば、「もっとたくさんのエネルギーを」という際限のないエネルギー獲得への欲求がヒトの脳の本質なのかもしれません。

人間の持つエネルギーへの根源的な欲求は、しかし、無制限な開発や自然からの収奪へと向かうべきではありません。むしろ、私たちは「より少ないものから、より多くを生み出す」という原則にしたがって、自然との新たな関係性を模索する必要があります。

では、これまでの文明は自然とどのように向き合ってきたのでしょうか。

文明によって自然との向き合い方は大きく異なります。西欧では自然を「征服」「支配」の対象とし、科学的分析に基づく効率的な利用を重視する人間中心主義的な世界観を持ちます。中国は「天人合一《てんじんごういつ》」を説きながらも、万里の長城のような巨大プロジェクトに見られるように、実際には自然の大規模改造を志向してきました。

これに対し日本では、自然を「共生」「調和」の対象として捉えています。八百万《やおよろず》の神の思想に表れるように伝統的に自然との一体感を大切にしてきました。里山に代表される持続可能な資源利用や、「足るを知る」という節度ある関わり方は、現代にも重要な示唆を与えています。

文明ごとの世界観の違いは、例えば建築様式にも表れています。西欧の石造りの建築が自然に抗って永続性を求めるのに対し、日本の木造建築は自然の循環に寄り添い、必要に応じて建て替えることを前提としています。それはまた、庭園文化にも顕著な違いとして表れています。西欧の整形庭園が自然を幾何学的に制御しようとするのに対し、日本庭園は自然の景観を縮小して表現し、その中に調和を見出そうとします。

もちろんここでは文化の優劣を論じたいのではありません。しかし、自然からの収奪は、これ以上進めることが難しいということは疑いようのない事実です。日本的な「共生」や「調和」を模索することも1つのヒントになるのではないでしょうか。

日本的な自然観は、現代のテクノロジー開発にも重要な示唆を与えています。例えば、自然の循環に寄り添う考え方は、再生可能エネルギーの活用や、AIシステムの省エネルギー設計にも応用できるでしょう。「足るを知る」という考えは、効率的なリソース利用を追求する現代のエッジコンピューティングの概念とも響き合います。

「より少ないものから、より多くを生み出す」という原則に基づき、この新しい時代は、共進化するテクノロジーの統合された能力を活用し、人類をより高い効率性と持続可能性へと導いていかれるべきです。

生物からの学び――情報処理

自然との共生を考える上で、特に注目すべきは生物が持つ驚くべき知恵です。人類の技術発展は、実はその多くを自然界の仕組みから学んできました。特に情報処理の分野では、生物から学べることが数多く残されています。

すでに第3章で述べたように、産業革命のたびに、社会の神経、血管、筋肉が生み出されてきた経緯を考えると、私たち人間は、実は昔から自然や生物を模倣してきたのだということが明らかです。バイオミミクリー（生物模倣）は人工知能そのものを見直すためにも有効です。

今のＡＩは大規模な深層ニューラルネットワークにインターネット上の膨大なデータを与えることで学習を行っています。このやり方一辺倒ではなく、ＡＩをさらに進化させるためには、人間の思考プロセスを参考にして、より省エネルギーなＡＩを開発していく必要があります。

加えて忘れてはならないのが、ＡＩ自体が意識を持つことで生じる新たな倫理的リスクへの備えをどう考えるかということです。ＡＩの進化は、人間の尊厳や社会のあり方に関わる根源的な問いを私たちに投げかけています。ＡＩの恩恵を最大限に活かしつつ、人間中心の社会を維持していくには、技術者だけでなく、哲学者、倫理学者、法律家、政策立案者など、多様な専門家が協働して取り組んでいくことが不可欠です。

ノーベル賞受賞者のダニエル・カーネマンは、人間の思考には２つのシステムがあると説明しました。直感的で高速な「システム１」と、論理的で時間のかかる「システム２」です。一方で日本の思想家・中村天風は、人間の心を３層構造で捉えています。本能的な「本能心」、論理的な「理性心」、そしてより高次の「霊性心」の３つです。

これら２つの理論を重ね合わせてみると、カーネマンの「システム１」は中村天風の「本能心」に、「システム２」は「理性心」に対応していると言えます。加えて、人間の持つメタ認知能力（自分の思考を客観的に観察・分析する力）は、おそらく中村天風の言う「霊性心」の働きと考えられます。

では、現在のＡＩはどうでしょうか。興味深いことに、現在のＡＩは「システム１」的な直感的処理で「システム２」に相当する論理的思考まで同時に行おうとしています。そのため、結論は出せても「なぜそう考えたのか」という論理的な説明が難しいのです。まして、人間の持つ「霊性心」に相当する機能は、現状のＡＩには備わっていません。

このことから、真の意味での汎用ＡＩ（人間のような総合的な知能を持つＡＩ）の実現は、現在の技術だけでは困難だろうと考えられます。むしろ、「思考の連鎖（Chain-of-Thought）」のような、ＡＩの思考プロセスを「見える化」する新しいアプローチの開発が先決です。

思考の連鎖とは、ＡＩが結論に至るまでの過程を段階的に示す手法です。例えば、複雑な数学の問題を解く際に、人間が「まずこの式を変形して、次にこの値を代入して……」というように順序立てて考えを説明するように、ＡＩにも思考の道筋を明示させる仕組みです。このような「システム２」的な論理的思考のプロセスを備えたＡＩアーキテクチャの開発が、今後の重要な課題となるでしょう。

最終的に、これらシステム１と２のＡＩツールを効果的に組み合わせて活用できるのは、メタ認知能力を持つ人間だけなのかもしれません。

ＡＩと人間のそれぞれの特性を理解することは、両者の共生関係を構築する上でも不可欠です。中村天風の言う霊性心すなわち、人間が持つメタ認知能力は、ＡＩの発展方向を導く羅針盤となりえます。つまり、ＡＩの進化は人間性の否定ではなく、むしろ人間特有の能力の重要性を浮き彫りにしているとも言えるでしょう。

もう1つ、現在の主流のAIと人間の脳の働きの違いを指摘しておきましょう。

人間の脳は驚くべき省エネ性能を持っているということです。たった20ワット程度の消費電力で、複雑な思考、感情処理、身体制御などを同時にこなすことができます。これはLED電球1～2個分程度の消費電力です。

一方、現代の大規模言語モデルは数百キロワットから数メガワット規模の電力を必要とします。人間の脳は、限られたエネルギーで高度な情報処理を実現する、究極の省エネシステムと言えるでしょう。

人間の脳のニューロン・シナプスの構造は、非常に疎《スパース》な構成を持っています。例えばN個のニューロンがすべてシナプスで直接的につながるなら、シナプスの数はN＝（N-1）/2となって、Nの2乗に比例します。このような結合状態を密結合と言います。

この状態を100％としたとき、人間の脳の実際のシナプス数は、わずか0.000016％程度しかないという極めて疎《スパース》な構造です。これは、脳が情報処理を効率的に行っていることを示唆しています。

231ページの図18に示した通り、現在の大規模言語モデルなどのAIは、密《デンス》なネットワーク構造を持っており、GPUによる並列処理で高速の演算処理を行っています。このため大量のエネルギーを必要とするのです。

大脳新皮質は6層構造を持ち、各層で異なる情報処理を行っています。近年の研究では、脳内にハブとして機能するニューロン（ハブニューロン）の存在が確認されており、これらが層間の情報統合に重要な役割を果たしている可能性が示唆されています。

それに対して、現在のＡＩで用いられている多層ニューラルネットワーク（ＤＮＮ）は各層が密結合という特徴を持ちます。生物学的な神経回路がハブニューロンを介した疎結合構造を持つことを考慮すると、この違いは興味深い示唆を与えます。

というのも疎結合構造を取り入れることで、学習や推論の経路がより追跡しやすくなり、より人間に近い論理的な思考もできる可能性があるのです。これは今後のＡＩ開発における重要な研究課題となるかもしれません。自然が進化の過程で獲得した効率的な設計から、私たちは多くを学ぶことができるでしょう。

人間の脳に似せた階層型大規模スパースニューラルネットワーク（ＳＰＬＡＳＨ-ＮＮ：Sparse Large Scale Hierarchical Neural Network）を扱う上では、現在主流のＧＰＵは適していないため、最近サンバノバにより開発された「再構成可能なデータフローアーキテクチャ（ＲＤＡ：Reconfigurable Dataflow Architecture）」など新たなテクノロジーとの組み合わせが必要になると考えられます。

図18　人間の脳とAIモデルのネットワーク構造の違い

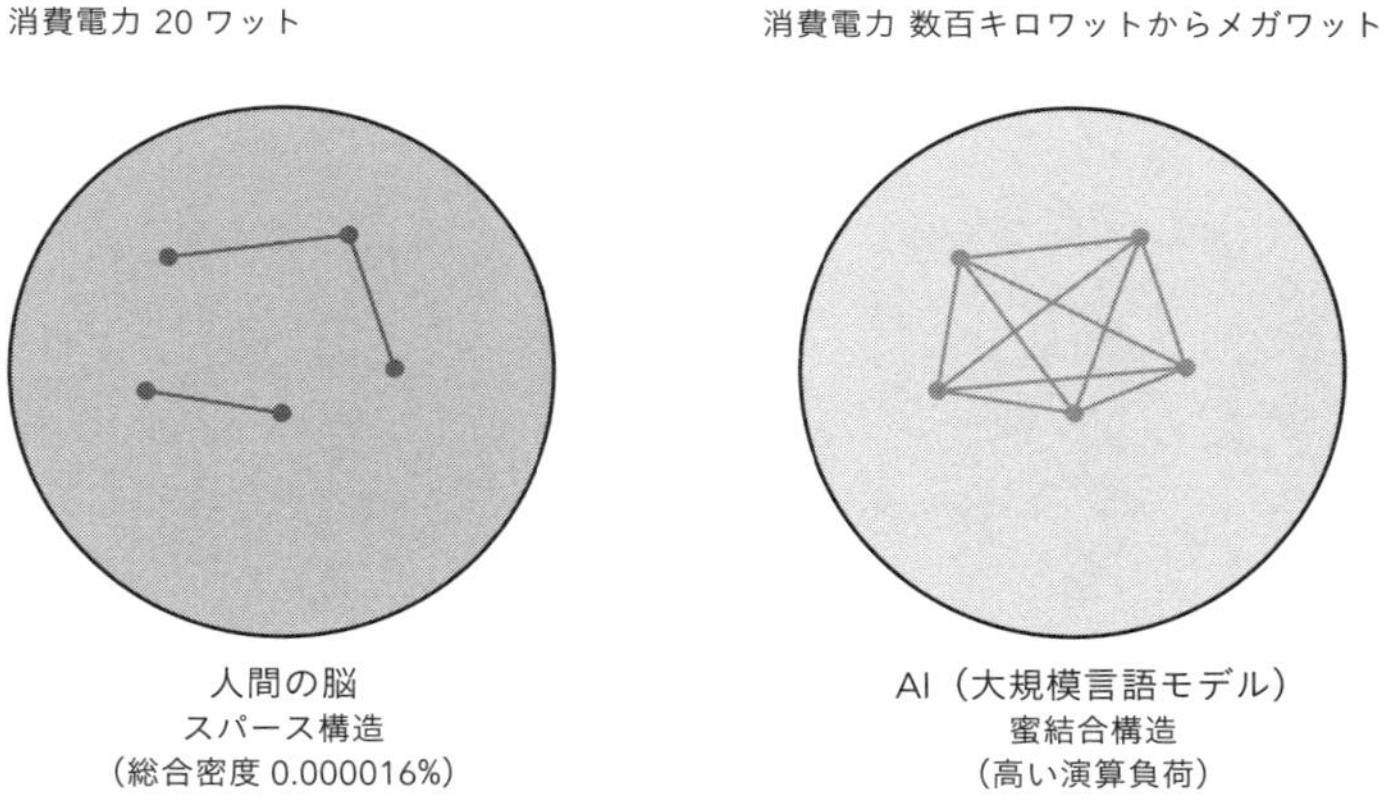

出所：筆者（岡本）作成

RDAとは、データの流れに着目して設計された新しいコンピュータアーキテクチャです。従来のコンピュータが料理のレシピを一行ずつ順番に実行する料理人のように動作するのに対し、RDAは複数の料理人が同時に調理場で連携しながら効率的に料理をつくるような仕組みです。

このような仕組みは、人間の脳のような疎《スパース》なネットワーク構造での情報処理に特に適しています。例えば、私たちが「りんご」という言葉を聞いたとき、色や形、味、食感など、さまざまな情報が脳内で同時並行的に処理されます。RDAはこのような並列的な情報処理を、エネルギー効率よく実現できる可能性を秘めています。このように考えてみると、すでに進化の著しいAIとはいえ、まだまだヒトの脳から学ぶべき点が多いことがわかります。

生物からの学び――動力システム

生物の情報処理システムからの学びは、AIの学習や推論の効率を劇的に改善する可能性を示唆しています。しかし、生物から学べることはそれだけではありません。動力システムの分野でも、生物の仕組みは革新的なヒントを与えてくれます。

モビリティの電動化は、生物の動きに学ぶ絶好の機会となります。従来の内燃機関自動車は、１つの大きなエンジンの動力を機械的に伝達する仕組みのため、生物のような柔軟な動きを実現することが困難でした。しかし、小型の電動モーターを複数配置することで、生物の筋肉のように分散した動力源を実現できます。

例えば、生物は体重あたりのエネルギー消費が驚くほど少ないことが知られています。チーターが時速１００キロメートル近いスピードで走れるのも、複数の筋肉が協調して働き、エネルギーを効率的に運動に変換しているからです。同様に、電動モーターを適切に配置し制御することで、従来の機械的な動力伝達では実現できなかった、生物のような効率的な動きをつくり出せる可能性があります。

実際に最新の電動モビリティの開発では、以下のような生物模倣の取り組みが始まっています。

- インホイールモーターによる四輪独立制御（四足動物の脚の動きに相当）
- アクチュエータの分散配置による関節のような柔軟な動き

・センサーとモーターの協調による適応的な動作制御（生物の神経系に相当）

これらの技術により、でこぼこ道での振動吸収性の向上、急な斜面や階段の昇降能力の改善、方向転換時の俊敏性の向上といった、生物のような優れた運動性能が実現できます。

さらに興味深いのは、このような生物模倣型の設計が、結果としてエネルギー効率の向上にもつながる点です。生物は長い進化の過程で、最小限のエネルギーで最大限の効果を得られるよう最適化されてきました。その設計原理を学び取り入れることで、現代のモビリティも、より少ないエネルギーでより高い性能を実現できる可能性があるのです。

例えば、海運業界は世界の温室効果ガスの主要な排出源の1つですが、電動モーターと小型で効率的なエンジン発電機を組み合わせたシリーズハイブリッドが現実的な移行段階となると考えられます。

複数のモーターを用いたバイオミミクリーによる省エネルギー化を取り入れられれば、より早期の脱炭素化が可能になるかもしれません。AIを活用して複数のモーターを協調制御することで、魚や鯨のようななめらかな動きを可能にして、省エネルギー化を図るのです。多くの生物の動きをAIに学習させれば、目的に応じた最適なモビリティの最適設計が容易になる可能性もあります。

もちろん海運業界の脱炭素化については、より包括的な取り組みが重要です。AIを活用した航路最適化や、物資の地産地消を促進したり、長距離輸送の必要性を最小限に抑えサプライチェーン全体の炭素排出量を削減したり、デジタル化により、プロセスを効率化し、物理的な移動の必要性を減らし、物流を最適化したりすることが求められます。

自然との新しい関係——共生のデザイン

このように、生物の動きの仕組みを理解し応用することは、より効率的で環境調和的なモビリティの実現につながります。しかし、個別の技術革新だけでなく、私たちの生活様式そのものを、自然のリズムに合わせて見直していく必要も大いにありそうです。自然と共生している生物に学ぶだけでなく、再生可能エネルギーの大幅な導入拡大と有効活用は、私たちの生活についても考え直す格好の機会となります。

冷暖房需要の少ない春と秋はエネルギー消費が少なく、夏と冬はエネルギー消費が多くなります。一方、風力発電は凪《なぎ》が多くなる夏には発電量が減り、太陽光発電は雪の積もる冬の発電量が減ってしまいます。このような四季によるエネルギー需給のアンバランスを平準化するためには、建物の断熱性能を上げると同時に冷暖房機器の省エネルギー性能を上げて冷暖房に利用するエネルギー消費を削減することが大事です。建物の断熱は省エネルギーだけではなく、中に暮らす人々の健康寿命を延ばし、ウェルビーイングを向上させることにも寄与します。

建築物についても里山など周囲の景観に調和し、木のぬくもりを感じられる木造の建物を求める声も多くあります。木造建築は近年、ＣＬＴ（直交集成板）などの新技術により高層化も可能となり、耐震性や断熱性能も向上しています。景観に調和し、木の特性を活かしながら、高い断熱性能と換気性能を持つ機能性の高い建物を設計することも今後は可能ではないかと思われます。

それだけではなく、暑い夏、寒い冬には、人間も海や山で少し長めのバケーションをとってスローライフを送り、経済活動のスピードを緩めてみてはどうでしょうか。春と秋の蓄えを上手に活用するのです。このように人間らしく暮らしながら、再生可能エネルギーと共存していくことがこれから重要になるのではないでしょうか。

このような考え方を企業活動に適用し、春秋期に生産活動をできるだけ集中し、夏冬期は設備メンテナンスや従業員の長期休暇取得期間とするなど、自然のリズムに合わせた新しい生産調整と働き方を採用していくことも考えられます。このような自然との調和は、より大きな宇宙的な調和を考える上での重要な示唆を与えてくれるかもしれません。

AIエネルギー思考を経営に活かす

デジタル化とAIの進展は、経営のあり方そのものを大きく変えようとしています。そのカギを握るのが、「横割り思考」と「エネルギー効率」という2つの概念です。

従来の組織は往々にして「縦割り（サイロ化）」の弊害に悩まされてきました。しかし、今求められているのは、組織や業界の壁を越えて横断的に物事を捉える視点です。データを共有し、つながりをつくり出すことで、新たな価値が生まれます。これは一企業の中から始まり、業界全体、さらには社会全体へと広がっていく可能性を秘めています。

このとき重要になるのが、生物の制御システムから階層構造を学ぶことです。

例えば、私たちが歩いたり走ったりするとき、脳は「ここで足を出そう」「次は右手を振ろう」などとは考えていません。むしろ、そのように意識的に考えると動きがぎこちなくなってしまいます。脳が行っているのは「電車に乗り遅れそうだから急ごう」といったた上位レベルでの判断だけであり、実際の手足の動きは下位層で自律的に制御されているのです。

この生物の制御の仕組みは、組織運営にも応用できます。下位層では可能な限り自工程での完結を目指し、上位層では協調動作に特化します。このシンプルな原則は、組織設計とデータ処理の双方に適用できます。さらに、各機能を「マイクロサービス（小規模で独立したサービス群）」として部品化することで、柔軟な組み合わせが可能になります。AIは、こうした部品の生成と最適な組み合わせの発見に大きな威力を発揮するでしょう。

ここで注目すべきは、日本企業が持つ強みとの親和性です。カリフォルニア大学のウリケ・シェーデ教授が著書『シン・日本の経営』（日経プレミアシリーズ）で指摘するように、日本企業は「技のデパート」として、複雑性の高い商品・サービスの創出を得意としています。この強みは、各機能を「マイクロサービス」として部品化し、それらを柔軟に組み合わせる新しいビジネスモデルと見事に共鳴します。日本企業が長年培ってきた精緻な「ものづくり」の哲学は、デジタル時代における「サービスづくり」にも活かせるのです。AIに過去の知見を学習させることで、より効果的な価値創造が可能になるでしょう。

このように、AIと人間の知恵を組み合わせることで、新たな価値創造の可能性が広がります。

同時に、日本社会が抱える課題もチャンスに変えていくべきでしょう。経営共創基盤（IGPI）グループ会長の冨山和彦氏は著書『ホワイトカラー消滅：私たちは働き方をどう変えるべきか』（NHK出版新書）で、少子高齢化による人手不足とデジタル化による人余りが同時進行する日本社会では、従来のホワイトカラー中心の労働構造から脱却し、新たな中間層として「アドバンスト・エッセンシャルワーカー」を育成する必要があると主張しています。

冨山氏によれば、アドバンスト・エッセンシャルワーカーとは、社会生活を支える職種の労働者を指し、高度な技能や知識を持つことが特徴です。彼らはデジタル技術やAIを活用して生産性と賃金の向上を実現し、地域経済やローカル産業を支える新しい中間層と位置づけられます。

こうしたアドバンスト・エッセンシャルワーカーを、最新テクノロジーを使って高度な多能工として育成し、地域の多様な産業を支える人的基盤を強化することは、より少ない人的資源で日本の地方に多くの価値を創出することにつながるでしょう。

そして実は、この考え方こそ、「モアフロムレス（より少ないものから、より多くの価値を）」という原則そのものでもあります。

人類の歴史を振り返れば、私たちの遺伝子を作り上げてきた進化の試行錯誤プロセスには膨大なエネルギーが費やされてきました。私たちの遺伝子は過去のエネルギー消費が蓄積された知恵だと見なせるのです。その意味で、人間1人ひとりの時間こそが最も貴重なエネルギーであるとも言えます。人間の一生の時間は限られています。誰しもが残されている時間を有効に使わなければなりません。分散する多様な個々人の知恵と能力を、過去に積み重ねられてきた知見と効果的に組み合わせることで、より少ない人的資源でより大きな価値を生み出す。

これこそが、AIエネルギー思考とも呼ぶべきこれからの経営の本質です。

今、日本企業には新たなチャンスの窓が開きつつあります。米中経済摩擦の激化に伴い、生産拠点の日本回帰が加速する可能性が高まっているのです。このような外部環境の変化も、従来の発想に縛られず「チャンスだ」と捉え直すことが重要です。たとえ現在の状況が困難に見えても、最善手を打ち続けることでこそ、真の勝機が見えてくるでしょう。

求められているのは、このような新しい思考法に基づく、迅速な行動です。日本企業には、世界に先駆けてこの変革を実現できる力があります。

今こそ、その可能性を解き放つときなのです。

エピローグ　調和ある社会を求めて

　本書の締めくくりとして、テクノロジーが実現する限界と人間の可能性を探索し、人間とは何かという思索を深めるための1つの材料を提起するため、エジソンが実現しようとした「スピリットフォン」と「宇宙論的特異点」について取り上げてみたいと思います。

　過去の思想家の中でも、トーマス・エジソンは、その発明家としての業績だけでなく、テクノロジーの精神的な側面に関する探究的研究でも際立っています。エジソンが死後の世界と交信するための「スピリットフォン」を発明しようとしたことが史実として残されています。

　エジソンは人間の意識や個性が微小な粒子の集合体（スワーム）によって構成されているという独自の理論を持っていました。彼は、死後もこれらの粒子が別の形で存在し続けると考えました。スピリットフォンは、これらの粒子の集合体を検出し、死者の「個性」を捉えることで通信を可能にすると考えたのです。彼の取り組みを現代から見るとオカルト的に映るかもしれませんが、科学的探究心と形而上学的探究の大胆な融合だったと言えるでしょう。

1つの仮説ですが、「スピリットフォン」は、時空がなく光エネルギーのみで満たされた「来世」と、時空があり私たちが住む儚《はかな》い領域である「現世」をつなぐ装置ではないかと考えることができるかもしれません。この仮説は現在の科学では検証できませんが、現時点では科学的に否定することもできないのです。

理論物理学で高名なスティーブン・ホーキング博士は、宇宙を生み出したビッグバンは宇宙論的には特異点であるが、虚数時間軸を導入すれば特異点ではなくなる、と説明しました。

その後、ホーキング博士の共同研究者であるロジャー・ペンローズ博士は、共形循環宇宙論（CCC）において、宇宙の始まりと終わりは実は同じであるという仮説を発表しました。ペンローズは、「エントロピーが時間とともに増加し続けるのであれば、ビッグバンによって創られた宇宙の始まりの時点でのエントロピーは小さかったということになるのか」と問いかけます。

そして、驚くべきことに、宇宙の始まりと終わりは実は同じであり、質量を持たない光のような粒子が光速で飛び交う世界、時空が存在しない世界であると主張し、「エントロピーのパラドックス」を説明しています。

彼の仮説によると、この世界は、いずれエントロピーが増大するにつれて質量を持たない光速で飛び回る粒子だけになり、その瞬間が「次の世界」につながるのだそうです。これは東洋の神秘主義で教えられている永遠の輪廻転生《りんねてんしょう》に近い概念です。時空のない世界は、まさに「あの世」を思わせます。

さらに、この仮説はエネルギーの根源的な重要性を教えてくれます。すなわち「この世の初めと終わりに、光とそのエネルギーありき」と考えられるということです。この世に存在しているすべての物質や生物は、もともとエネルギーから生じたものであり、いずれはすべてが光となってそのエネルギーに戻っていくということを意味しています。この考え方はアインシュタインの相対性理論が記述する $E=mc^2$ とも整合します。

ロジャー・ペンローズが唱えるもう1つの理論は、「客観的還元の調和理論（Orch OR）」で、人間の意識は脳の微小管の中で量子論的に生じるというものです。ペンローズが存在を主張する脳の微小管は、量子論的に「来世」と「現世」を結びつけているのかもしれません。

これは、禅、ヨガ、現代科学の影響を受けた日本の思想家、中村天風が説いた教えとも符合しています。中村天風は、人間とは心と体に宇宙精神の分霊である魂が宿る存在であり、宇宙の進化と向上のために生まれてきたのだと説きました。エジソンのスワームにも通じる考え方と言えるでしょう。

ロジャー・ペンローズは、人間の意識と量子論の関係についても麻酔科医のスチュアート・ハメロフとともに重要な指摘を行っています。人間の意識が量子論的に生成しているのであれば、現在のコンピュータのような古典的な計算機では、人間の意識を再現することは原理的に不可能です。

つまり、いくら半導体の性能が向上し、ニューラルネットワークが大規模化しても、現在の技術の延長線上では「強いＡＩ」（人間のような意識を持つ汎用ＡＩ、ＡＧＩと呼ばれることもある）は実現できないのです。この指摘は、技術的特異点に関する議論に重要な示唆を与えます。

もし人間の意識が本当に量子力学的な現象に基づいているのであれば、真の意味での人工知能を実現するためには、まったく新しい技術的パラダイムが必要になるでしょう。

このペンローズらの見解は、先ほど述べた人間の脳とＡＩの構造の違いとも整合的です。人間の脳が示す驚くべき省エネ性能と柔軟な認知能力は、単なる古典的な計算処理ではなく、量子的な現象を含む過程から生まれているのかもしれません。現在のＡＩの発展に満足するのではなく、より根本的なところから人間の認知や意識の仕組みを理解し、それを踏まえた新しい技術の可能性を探る必要があるのです。

量子論にはコペンハーゲン解釈と呼ばれる哲学的解釈があり、この解釈にしたがうと「世界のあらゆるものは、人間が観察することによってのみ現実のものとなり、その現実性は観察者である人間自身の意識に依存する」ことになります。つまり、「人間の意識そのものが実体としての現実を創り出す」のです。言い換えれば、宇宙と人間は意識の作用を通じてつながっていることになります。

したがって、もしも技術的特異点が近づくにつれてエジソンの「スピリットフォン」が実現するようなことがありえるなら、「あの世」の実存が確認され、それは同時に宇宙論的特異点、つまり「あの世」と「この世」が初めて人為的につながることを意味します。もし本当に時空を超越した「絶対」が存在することがわかれば、人間は自ずと謙虚になるでしょう。

「より少ないものから、より多くを生み出す」という観点から見た生産性革命の歴史は、継続的かつ全体的な社会の進化の物語です。それは、宇宙における真善美の追求における私たちの真の役割に対するより深い理解につながる、より統合的で賢明かつ持続可能な存在への旅であり、あらゆる革新とともに生産性と調和をもたらすものであるとも言えるでしょう。

繰り返し強調しておきたいのは、ここで述べた仮説は現時点では検証不可能なものであるということです。しかしテクノロジーが達成できる限界を探究しようとするとき、私たちが人類の存在と人生の意味を絶えず検証していなければ、テクノロジーの無制限な進歩が自らの破滅につながる可能性すらあります。

技術が進歩するにつれ、技術が宇宙の破壊ではなく進化と進歩の手段となるよう、私たちは哲学的な探究と精神的な理解を深めることが不可欠です。ペンローズらが指摘するように、人間の意識の本質を理解しようとすることは、単なる技術的課題ではなく、宇宙や存在の本質に関わる根源的な問いに答えようとすることです。

宇宙のエネルギーがアインシュタインの相対性理論が導く $E=mc^2$ という法則により永遠に変わらないということの意味も、また大いに示唆的であると言えるでしょう。この変わらぬエネルギーこそ、私たちが「より少ないものから、より多くを生み出す」ための究極の導き手なのです。

そして今、私たちは新たな問いに向き合っています。

技術が急速に進歩し、AIが多くの領域で人間の能力を超えようとする時代に、人間とAIの本質的な違いは何でしょうか。それは、おそらく自らの存在の意味を問い続ける意識そのものにあるのではないでしょうか。

ＡＩがいかに高度化しても、「なぜ自分は存在するのか」「何のために生きているのか」という問いを、自発的に、真摯に探究することは難しいのかもしれません。

なぜなら、この問いは単なる論理的思考や情報処理の範疇を超えて、意識という神秘的な現象と不可分だからです。ペンローズとハメロフが指摘するように、人間の意識は量子論的な現象として生起する可能性があり、従来型のコンピュータでは原理的に再現できない何ものかかもしれません。

私たちは今、かつてない技術的革新の只中にいます。しかし、その先に見えてくるのは、実は人類が古来より求め続けてきた根源的な問い、存在の意味、意識の本質、宇宙との関係性との再会なのかもしれません。この「懐かしい未来」を、読者の皆様とともに探求する旅を続けていきたいと思います。

謝辞

本書の執筆にあたり、多くの方々から貴重なご支援とご協力をいただきました。この場を借りて心より感謝申し上げます。

日頃からご指導いただいている東京大学教授の江崎浩先生には、深く感謝申し上げます。先生の先見性に富むご助言と温かい励ましがなければ、本書は成立しえませんでした。

また、ご多忙の中、鼎談にご参加くださった松尾豊先生、西山圭太氏には心から御礼申し上げます。おふたりの深い洞察と豊かな経験に基づくご意見により、本書の内容は大きく深まりました。

人口減少・高齢化が世界でいち早く進み、エネルギーを輸入に依存する日本こそが、AIエネルギー革命で世界の先頭を走るべきだと確信しています。米中企業の圧倒的なパワーに屈することなく、舞の海関のように誰よりも俊敏に動き続けることで、私たちの勝機は必ず訪れることでしょう。

本書が読者の皆様にとって、日本の未来への希望を見出す一助となれば著者としても望外の喜びです。

最後に、本書をまとめるにあたっての東京電力パワーグリッド、ビットメディア両社の関係者の理解と支援にも感謝します。彼らの存在なくして、この挑戦を続けることはできませんでした。

この「ＭＥＳＨ構想」が描く未来図が、日本の、そして世界の持続可能な発展への道標となることを願っています。

２０２５年３月

著者

引用参考文献（順不同）

・『グリッドで理解する電力システム』岡本浩著（日本電気協会新聞部）
・『エネルギー産業の2050年　Utility3.0へのゲームチェンジ』竹内純子編、伊藤剛、岡本浩、戸田直樹著（日本経済新聞出版）
・『相対化する知性：人工知能が世界の見方をどう変えるのか』西山圭太、松尾豊、小林慶一郎著（日本評論社）
・『インターネット・バイ・デザイン：21世紀のスマートな社会・産業インフラの創造へ』江崎浩著（東京大学出版会）
・『サイバーファースト増補改訂版：インターネット遺伝子が創るデジタルとリアルの逆転経済』江崎浩著（インプレスR&D）
・『DX時代に考えるシン・インターネット』村井純、竹中直純著（インターナショナル新書）
・『人工知能と哲学と四つの問い』人工知能学会監修、三宅陽一郎、清田陽司、大内孝子編（オーム社）
・『サピエンス全史：文明の構造と人類の幸福』（上・下）ユヴァル・ノア・ハラリ著、柴田裕之訳（河出書房新社）
・『ホモ・デウス：テクノロジーとサピエンスの未来』（上・下）ユヴァル・ノア・ハラリ著、柴

田裕之訳（河出書房新社）
・『NEXUS 情報の人類史：人間のネットワーク』（上・下）ユヴァル・ノア・ハラリ著、柴田裕之訳（河出書房新社）
・『人新世の資本論』斎藤幸平著（集英社新書）
・『ノヴァセン：〈超知能〉が地球を更新する』ジェームズ・ラヴロック著、松島倫明訳、藤原朝子監訳（NHK出版）
・『ポスト・ヒューマン誕生：コンピュータが人類の知性を超えるとき』レイ・カーツワイル著、井上健監訳（NHK出版）
・『シンギュラリティはより近く：人類がAIと融合するとき』レイ・カーツワイル著、高橋則明訳（NHK出版）
・『MORE from LESS：資本主義は脱物質化する』アンドリュー・マカフィー著、小川敏子訳（日本経済新聞出版）
・『シン・日本の経営：悲観バイアスを排す』ウリケ・シェーデ著、渡部典子訳（日経プレミアシリーズ）
・『ファスト&スロー：あなたの意思はどのように決まるか？』（上・下）ダニエル・カーネマン著、村井章子訳（早川書房）
・『ホワイトカラー消滅：私たちは働き方をどう変えるべきか』冨山和彦著（NHK新書）
・田島篤「特集：深層学習の『元祖』はいかにして生まれたか」〝ディープラーニングの先駆

者、福島邦彦氏が語る「ネオコグニトロン」誕生秘話〟、「日経クロステック2021年4月19日掲載」（日経BP）
https://xtech.nikkei.com/atcl/nxt/column/18/01621/

・内閣府「令和4年版高齢社会白書」（全体版）
https://www8.cao.go.jp/kourei/whitepaper/w-2022/zenbun/04pdf_index.html

・岡本浩「電脳モビリティXのカンブリア爆発」『電気学会雑誌』（2024年144巻7号）P.419-420（一般社団法人電気学会）

・高橋淑子「特集：神経—血管ワイヤリングの調節機構」『血管医学』（2013年14巻3号）P.7-8（メジカルビュー社）

・内閣官房「デジタル田園都市国家構想実現会議」第4回資料3「保有アセットの有効活用によるデジタル・インフラ普及への貢献」東京電力パワーグリッド株式会社提出（2022年2月24日）
https://www.cas.go.jp/jp/seisaku/digital_denen/dai4/siryou3.pdf

・資源エネルギー庁「次世代の分散型電力システムに関する検討会」第1回資料6-1「カーボンニュートラルかつレジリエントな豊かな地域の実現に向けて〜地域の分散エネルギーの有効活用策〜」東京電力パワーグリッド株式会社提出資料（2022年11月7日）
https://www.meti.go.jp/shingikai/energy_environment/jisedai_bunsan/pdf/001_06_01.pdf

・内閣官房「新しい資本主義実現会議」第17回提出資料11 東京大学教授 松尾豊（2023年4月25

日）
https://www.cas.go.jp/jp/seisaku/atarashii_sihonsyugi/kaigi/dai17/shiryou11.pdf

・デジタル庁「『モビリティ・ロードマップ』のありかたに関する研究会」第４回資料５「インフラ視点でのモビリティについて」東京電力パワーグリッド株式会社提出資料（２０２３年７月12日）
https://www.digital.go.jp/assets/contents/node/basic_page/field_ref_resources/d909bf77-e6d4-4c20-ab3c-f518a8613cd5/60d51465/20230712_meeting_mobility_roadmap_outline_05.pdf

・内閣府「ＡＩ戦略会議」第９回提出資料１-４「生成ＡＩの産業における可能性」東京大学教授 松尾豊（２０２４年５月22日）
https://www8.cao.go.jp/cstp/ai/ai_senryaku/9kai/shiryo1-4.pdf

・内閣府「ＧＸ２０４０リーダーズパネル」資料５「ＧＸ・ＤＸの同時達成に向けた電力システムの役割と課題」東京電力パワーグリッド株式会社提出（２０２４年７月23日）
https://www.cas.go.jp/jp/seisaku/gx_jikkou_kaigi/gx2040/20240723/siryou5.pdf

・「Internet Week ２０２２」C73 IP Meeting ２０２２講演資料「ＤＣを活用した新たなエネルギーシステム～再エネの余剰電力活用／需給調整力としてのＤＣ～」
https://www.nic.ad.jp/ja/materials/iw/2022/proceedings/c73/c73-takano.pdf

・Workload Allocation Optimizer（WAO）for Kubernetes

https://github.com/waok8s
・「データセンター・イノベーション・フォーラム２０２３」クロージング基調講演「拡大する再エネ出力抑制問題と調整力としてのデータセンターの可能性～電力×ＩＣＴインフラの地域分散化へのアプローチ～」発表資料より（２０２４年７月23日）
https://academy.impress.co.jp/event/dif202312/
・一般社団法人ＳＶＩ推進協議会
https://www.sciencevillage.jp/
・「ＳＶＩまちづくり構想」
https://storage.googleapis.com/studio-design-asset-files/projects/G3qbve1xqJ/s-1x1_6b2f25a3-f8b6-4f1d-bc7d-baf785580635.pdf
・Satya Nadella AI Tour Keynote: London
https://www.youtube.com/watch?v=kOkDTvsUuWA
・A Conversation with NVIDIA CEO Jensen Huang – The Future of AI and Energy（https://www.youtube.com/watch?v=doJDuLMnaWc）より
・Alfie Shaw “Microsoft and Constellation sign PPA for Three Mile Island restart”, Power Technology,（Sept. 23, 2024）
https://www.power-technology.com/news/constellation-microsoft-three-mile-island/

岡本浩　Hiroshi Okamoto

東京電力パワーグリッド取締役副社長執行役員CTO

1965年生まれ。東京大学大学院工学系研究科電気工学専攻博士課程修了後、東京電力（現東京電力ホールディングス）入社。2015年より同社常務執行役経営技術戦略研究所長。2017年より現職。一般社団法人スマートレジリエンスネットワーク理事、国際大電力システム会議（CIGRE）理事・執行委員なども務める。著書に『グリッドで理解する電力システム』（日本電気協会新聞部）『エネルギー産業の2050年　Utility3.0へのゲームチェンジ』（共著、日本経済新聞出版）。

高野雅晴　Masaharu Takano

ビットメディア代表取締役社長

1963年生まれ。東京工業大学（現東京科学大学）大学院電子システム修士課程修了、日経マグロウヒル（現日経ＢＰ）に入社。『日経エレクトロニクス』記者を経て、95年に半官半民のデジタルメディア研究開発会社ディジタルビジョンラボラトリーズ設立などに携わり、2000年から現職。MESH-X代表取締役、インフォシティ取締役なども務める。著書に『新しいお金』（アスキー新書）。

第6章 写真：渡辺幸和

経営に活かす生成AIエネルギー論
日本企業の伸びしろを探せ

2025年4月4日　1版1刷

著　者　岡本浩、高野雅晴

発行者　中川ヒロミ
発　行　株式会社日経BP
日本経済新聞出版
発　売　株式会社日経BPマーケティング
〒105-8308　東京都港区虎ノ門4-3-12

ブックデザイン　山之口正和＋永井里実＋齋藤友貴（OKIKATA）
組　版　株式会社キャップス
印刷・製本　三松堂株式会社
ISBN978-4-296-12132-8